Fadhel Ghajati

Cyberversicherung in Tunesien

AF154877

Fadhel Ghajati

Cyberversicherung in Tunesien

Herausforderungen und Perspektiven

ScienciaScripts

Imprint

Any brand names and product names mentioned in this book are subject to trademark, brand or patent protection and are trademarks or registered trademarks of their respective holders. The use of brand names, product names, common names, trade names, product descriptions etc. even without a particular marking in this work is in no way to be construed to mean that such names may be regarded as unrestricted in respect of trademark and brand protection legislation and could thus be used by anyone.

Cover image: www.ingimage.com

This book is a translation from the original published under ISBN 978-3-639-54376-6.

Publisher:
Sciencia Scripts
is a trademark of
Dodo Books Indian Ocean Ltd. and OmniScriptum S.R.L publishing group

120 High Road, East Finchley, London, N2 9ED, United Kingdom
Str. Armeneasca 28/1, office 1, Chisinau MD-2012, Republic of Moldova, Europe
Printed at: see last page
ISBN: 978-620-7-24608-3

INHALTSVERZEICHNIS:

Allgemeine Einführung

Seit jeher war der Mensch von verschiedenen natürlichen und menschlichen Risiken umgeben, die immer komplexer wurden, sodass er nach Sicherheit vor diesen Zufällen suchte. Die Entwicklung der Mechanisierung und der industriellen Tätigkeit hat neue Risikoquellen geschaffen, wie z. B. verschiedene Unfälle, Brände, Arbeitsunfälle, das mit dem Auto verbundene Risiko und die Entwicklung der damit verbundenen Haftungen. In diesem Zusammenhang wurde die Versicherung seit der Antike in ihrer einfachsten Form zur gegenseitigen Hilfe oder zum Schutz.

Die digitale Revolution, das Aufkommen neuer Technologien und das Internet haben viele Vorteile gebracht, aber auch neue Risiken wie das "Cyber-Risiko" mit sich gebracht .[1]

Angesichts der rasanten technologischen Entwicklungen im Bereich der Digitalisierung und der digitalen Verbreitung ist die Abdeckung von Cyber-Risiken vor allem bei kleinen und mittleren Unternehmen noch ein wenig bekannter Bereich.

Dies hat dazu beigetragen, dass immer wieder nach Instrumenten gesucht wird, die den Schutz vor diesen Gefahren einführen oder ergänzen und die Risiken minimieren können, um den Fortbestand des Marktes zu sichern.

Cyber-Risiko in einer umfassenden Definition bedeutet jeglichen Verlust, Beschädigung, Verletzung, Offenlegung, Zerstörung oder unberechtigten Zugriff auf digitale Informationen und Daten und/oder die Folgen einer Schädigung des Informationssystems.

Es wurde 2015 als eines der ersten anerkannten technologischen Risiken im Panorama der Gesamtrisiken 2016 des "Davos Forums"[2] eingestuft.

Daher wird der Schutz von Informationssystemen und digitalen Daten zu einer großen Herausforderung für Unternehmen. Allerdings ist es nach wie vor sehr schwierig, Cyberrisiken zu erfassen. Daher ist ein Versicherungsangebot auf dem Markt notwendig.

Die Umsetzung von Versicherungslösungen auf Unternehmensebene ist noch immer komplex. Erstens fehlt es an einem Konsens über eine genaue Definition des Cyberrisikos, das durch einen Versicherungsvertrag abgedeckt werden soll. Zusätzlich zu den Schwierigkeiten bei der Bestimmung der Kosten eines Cyberangriffs[3] infolge eines Mangels an traditionellen statistischen Methoden zur Modellierung dieses Risikos.

Wir können uns daher fragen, welche Schritte internationale und nationale Versicherungsakteure unternehmen, um Cyberangriffen zu begegnen, operative und regulatorische Hindernisse zu überwinden und das Bedürfnis der Versicherten nach Sicherheit des Computersystems und Schadensersatz im Falle eines Angriffs zu befriedigen.

Vor diesem Hintergrund haben wir uns entschieden, die Versicherung gegen Cyberangriffe zu untersuchen, die gerade eine zentrale Rolle bei den von den Versicherungsgesellschaften angebotenen Produkten eingenommen hat, die aber von den tunesischen Versicherungsgesellschaften noch nicht angeboten werden.

Wir werden daher versuchen, eine Antwort auf die folgende Fragestellung zu geben:

---

[1] **Cyber**: Präfix aus dem Griechischen kubernân (regieren), das die Verbindung zu Computernetzwerken anzeigt.

[2] **Das Weltwirtschaftsforum**: ist eine gemeinnützige Stiftung mit Sitz in Genf. Das Forum ist bekannt für sein jährliches Treffen in Davos, Schweiz, bei dem Wirtschaftsführer, Politiker aus der ganzen Welt sowie Intellektuelle und Journalisten zusammenkommen, um die dringendsten Probleme der Welt zu erörtern.

[3] **Cyberangriff**: Böswillige Handlung, die einen Angriff mit Computercharakter bezeichnet.

Sind tunesische Unternehmen bereit, eine Versicherung gegen Cyber-Risiken abzuschließen?

Um dieser Problematik gerecht zu werden, unterteilen wir unsere Arbeit in drei Kapitel;

Das erste Kapitel ermöglicht es dem Leser, sich mit dem Thema vertraut zu machen. Wir werden zunächst versuchen, eine klare und detaillierte Erklärung des Cyberrisikos zu geben und uns mit dem technischen Vokabular befassen, das für ein gutes Verständnis der Problematik nützlich ist. Dann werden wir die Cyberversicherung mit ihren wichtigsten Vertragsarten und Garantien vorstellen, die auf dem Versicherungsmarkt vorhanden sind.

Im zweiten Kapitel werden die Erwartungen und Grenzen von Cyberversicherungen dargestellt.

Das dritte und letzte Kapitel wird in seinem ersten Teil der Darstellung der Cyber-Versicherung auf nationaler Ebene in Tunesien vorbehalten sein. Und in seinem zweiten Teil werden wir anhand eines Fragebogens den Status der Cyber-Versicherung in Tunesien klären.

KAPITEL 1

Grundlagen des Konzepts der Cybersicherheit

Behörden und Unternehmen sind zunehmend von Informationssystemen abhängig. Diese Abhängigkeit besteht sowohl im Herstellungs- und Vermarktungsprozess als auch bei der Datenspeicherung und der Kommunikation. Dies führt zu einer Reihe unterschiedlicher Risiken wie Imageschäden, Informationsverletzungen oder dem Stillstand des Produktions- und Vermarktungsprozesses.

Die Schaffung neuer Arten von Versicherungsverträgen wird zur Pflicht.

Abschnitt I: Definitionen, Geschichte und Typologie des Cyberrisikos

1. Definition

Cyber-Risiken sind alle Risiken, die durch die Nutzung eines oder mehrerer vernetzter Computersysteme entstehen können, die zu Zerstörung, Verlust, Veränderung, Offenlegung oder unberechtigtem Zugriff auf Computerdaten führen.

Mit anderen Worten: Cyber-Risiko ist die Gesamtheit der Gewalt, die die Integrität der Organisation oder des Informationssystems beeinträchtigen kann, mit dem Ziel, vertrauliche Daten zu hacken oder die Kontrolle über IT-Prozesse zu erlangen und dem Unternehmen Schaden zuzufügen.

Die Angreifer erkunden zunächst die empfindlichen Stellen, verstehen das Informationssystem des Unternehmens und bereiten sich lange im Voraus vor. Dann schleusen sie Schadsoftware ein und lassen sie manipulieren, um sich langsam dem Endziel zu nähern.

Das Cyber-Risiko wird daher als eine echte Gefahr für jedes Unternehmen angesehen, das sich für die Digitalisierung seiner Aktivitäten entscheidet. Die Entwicklung von Informationstechnologien in allen Geschäftsprozessen und die Entwicklung des Internets öffnen die Informationssysteme dieser Technologien nach außen, sodass Unternehmen unabhängig von ihrer Größe zunehmend Cyber-Risiken ausgesetzt sind. Daher ist es wichtig, sich gegen diese Risiken zu schützen.

2. Geschichte

In den letzten Jahren, genau genommen in den letzten 20 Jahren, haben die Computertechnologie und das Informationssystem eine dominierende Rolle in unserem Privat-, Verwaltungs- und Berufsleben eingenommen.

Die Welt hat eine digitale Revolution erlebt, die große Chancen wie die Mobilität von Daten und neue Speichermethoden (externe Festplatten, USB-Sticks, Cloud...) mit sich bringt. Angesichts dieses technologischen Wachstums tauchen neue Risiken wie Viren, Cybervorfälle[4] und Cyberkriminalität[5] auf, die sich mit dem Aufkommen verbundener Netzwerke und später des Internets und der HTML-Hyperlinks immer mehr verschärfen. Die Entwicklung des Internets hat die Art und Dimension des Risikos grundlegend verändert, indem es böswillige Handlungen von jedem Ort der Welt aus ermöglicht und die Anzahl der

---

[4] **Cybervorfall:** ist ein Risiko, das sich durch Unsichtbarkeit auszeichnet, da die Enthüllung des Vorfalls sowie seine Erkennung und Messung erst spät erfolgt.

[5] **Cyberkriminelle**: werden von einem lukrativen Ziel angetrieben, die gestohlenen Daten an einen Konkurrenten weiterzuverkaufen, aber auch von Spionage, Rache, Konkurrenz oder der Unterstützung einer Sache.

Verbindungen zwischen Unternehmensnetzwerken erhöht hat.

Die meisten Unternehmen verheimlichen die Cyberangriffe, die sie erlitten haben, um ihr Image vor ihren Kunden zu schützen. Dies führt zu Schwierigkeiten bei der Erhebung der Informationen, die zur Quantifizierung des Cyberrisikos erforderlich sind.

Seit 2010 beginnen wir, Angriffe zwischen Konkurrenten, Spionage, Betrug und Erpressung zu sehen.

In den USA ist die erste Arbeitsgrundlage die Meldepflicht für Informationsdiebstahl, auch wenn es Risikounterschiede zum Rest der Welt geben muss und auch einige europäische Unternehmen beginnen, Meldepflichten zu haben.

Wir können die EU-Verordnung vom 24. Juni 2013 erwähnen. Diese neue Regelung kann auf eine gewaltige Veränderung in der Fähigkeit der Versicherungsunternehmen hindeuten, dieses Risiko genau zu bewerten, aber diese Informationen sind sicherlich nicht öffentlich zugänglich.

3. Die Typologien

Wir können dieses Risiko in zwei Hauptkategorien einteilen: Angriffe auf vertrauliche Daten oder Angriffe auf das Computersystem des Unternehmens.

3.1. Angriffe auf vertrauliche Daten

Jedes Unternehmen verfügt über vertrauliche Daten[6] und strategische Daten. Die Verletzung, der Verlust und das Durchsickern dieser Daten gelten als eines der größten Risiken, denen die meisten Unternehmen ausgesetzt sind und die einen großen finanziellen Schaden verursachen können.

Die Verletzung vertraulicher Daten wird entweder durch einen externen böswilligen Akt eines Hackers oder durch einen internen Akt eines Mitarbeiters des Unternehmens selbst oder durch den Verlust eines Smartphones oder Computers verursacht.

Verlorene oder gehackte Informationen können zweierlei Art sein:

- Strategische Informationen: werden für das Unternehmen als Know-how, technisches oder Marketinggeheimnis usw. betrachtet. Der Verlust stellt eine Verringerung des Wettbewerbsvorteils dar.
- Informationen über Kunden: Es kann ein Risiko für das Markenimage des Unternehmens bestehen, da die Kunden die Offenlegung bestimmter privater Daten nicht wünschen.

Die fünf Arten der am meisten gefährdeten Informationen sind :

- Ihre wahren Namen
- Ihre Geburtsdaten
- Ihre Wohnadressen
- Ihre offiziellen Identifikationsnummern (CIN, Sozialversicherungsnummern...)
- Und ihre Finanzdaten (wie z. B. Kreditkartennummern...)

❖ **Echte Fälle**

Orange ist der erste Betreiber, der im Jahr 2014 innerhalb von drei Monaten zweimal

---

[6] **Vertrauliche Daten:** Persönliche Daten entsprechen allen Informationen, die sich auf eine identifizierte natürliche Person beziehen oder die direkt oder indirekt durch Bezugnahme auf eine Identifikationsnummer oder ein oder mehrere Elemente, die ihr eigen sind, identifiziert werden können" weiter Artikel 2 des Gesetzes über Informatik und Freiheit

angegriffen wurde.

Am 2. Februar: Computereinbruch mit Verletzung der Datenbanken von 800.000 ihrer Internetkunden.

18. April: Diebstahl der vertraulichen Informationen von 1,3 seiner Kunden (Name, Vorname, Handynummer, Geburtsdatum ...)

Target ist einer der größten Computereinbrüche, bei dem eine große Anzahl von Codes und Kreditkarten gestohlen wurden: 40 Millionen Kreditkartennummern und 70 Millionen Daten mit Kundendaten. Die Kosten für Target wurden auf 61 Millionen US-Dollar geschätzt, wovon 44 Millionen US-Dollar durch Versicherungen abgedeckt sind.

→ Jedes Unternehmen muss sich gegen das Risiko von Datenverletzungen absichern, da der Schaden enorm sein kann.

3.2. Angriffe auf das Informationssystem des Unternehmens

Zunächst einmal ist ein Informationssystem die Gesamtheit der Mittel zur Verarbeitung und Speicherung von Daten, die das Unternehmen mit seinen Tochtergesellschaften und mit seinen Partnern auf der ganzen Welt verbindet. Das Informationssystem umfasst :

- Computerarbeitsplätze und Netzwerkserver ;
- Kommunikations- und Telekommunikationsinfrastruktur :
- Anwendungen.

Die Angriffe auf das Computersystem des Unternehmens sind wie folgt:

- Eine Nichtverfügbarkeit des Computernetzwerks: Diese wird als der Zeitraum definiert, in dem das Unternehmen aufgrund eines Ausfalls seines Informationssystems nicht arbeiten kann. Diese kann verschiedene Ursachen haben:
- Ein Ausfall des Arbeitsplatzes oder einer seiner Komponenten (Stromausfall, überfüllte Festplatte, volles E-Mail-Postfach usw.) seine Reparatur ist schnell und unkompliziert
- Eindringen und böswillige Angriffe, seine Behebung ist oft schwierig, da die IT-Infrastruktur komplex ist.

Diese Art von Angriff zielt darauf ab, das Computernetzwerk offline und außer Betrieb zu setzen, die Website des Unternehmens und das Unternehmen werden somit lahmgelegt, wodurch finanzielle Kosten entstehen (Umsatzrückgang, höhere Kosten für die Wartung des Informationssystems...).

Um eine solche Nichtverfügbarkeit von Computern zu vermeiden, muss das Unternehmen die folgenden Mittel zur Sicherung des Informationssystems einsetzen:

- Authentifizierung (Passwörter, Zugangscode, Ausleihen ..) ;
- Nutzung von Sicherheitshardware und -software (Antivirus, Antispyware, etc.) ;
- Daten in externen Speichermedien sichern ;
- Kontrolle der ordnungsgemäßen Nutzung des Informationssystems durch die Mitarbeiter ;
- Verwaltung von Vorfällen : Erkennung von Anomalien und Planung einer Notfalllösung ;
- Inanspruchnahme der Versicherung.

❖ **Realer Fall**

Am 08. April 2015 wurden die sozialen Netzwerke, die Antennen und die Website von TV5 Monde Opfer eines angeblichen Hackerangriffs der Islamischen Gruppe (Daech). TV5 verlor die Kontrolle über seine Konten in sozialen Netzwerken (Facebook, Twitter...), schaltete den Zugang zu seiner offiziellen Website ab und unterbrach auch für mehrere Stunden die Programme seiner 11 Kanäle in über 200 Ländern.

Nach diesem Angriff wird TV5 Monde in den nächsten Jahren mindestens 10 Millionen Euro für Cybersicherheit ausgeben.

→ Um wirksam zu sein, muss sich die Sicherung des Informationssystems nicht nur auf die Bereitstellung technischer Mittel stützen, sondern auch auf eine Versicherungsstrategie.

- Cyber-Erpressung :

Cyber-Erpressung ist eine neue Form der Erpressung, bei der die Opfer eines Cyberangriffs gezwungen werden, ein Lösegeld zu zahlen, um die Verfügbarkeit der Daten wiederherzustellen. Ransomware[7] ist eine der gefährlichsten Bedrohungen unserer Zeit.

Nach der Zahlung des von den Cyberkriminellen geforderten Lösegelds erhält das Opfer eine E-Mail mit dem Entschlüsselungscode und fordert die Zahlung oft in Bitcoin (virtuelle Währung, die gegen echte Kostenvoranschläge eingetauscht werden kann (1 Bitcoin =380$)).

❖ **Realer Fall**

"Wannacry[8] ": Am Montag, den 15. Mai 2017, sind fast 30.000 chinesische Unternehmen und Institutionen von der Infektion von Hunderttausenden von Computern betroffen und die Erpressersoftware "Wannacry" verlangt ein Lösegeld, um die blockierten Computer wieder freizugeben. In der Schweiz ist der Schaden weitaus größer, da die meisten Computer über ein Protokoll mit dem Internet verbunden sind, das sie mit einer Cyber-Erpressung konfrontieren könnte.

→Seit 2016 ist Cyber-Erpressung wieder auf dem Vormarsch und die Angriffe haben sich zwischen 2014 und 2016 um das Hundertfache erhöht und die Hacker sind zunehmend weltweit unterwegs. es bedarf daher einiger Überlegungen, um sich vor diesem Risiko zu schützen.

- Medienrisiken

Die Unterbrechung oder Beschädigung der sozialen Medien kann zu einem Imageverlust führen (z. B. wenn eine Website verwüstet wird oder ein Online-Shop nicht mehr erreichbar ist), vertrauliche Daten des Unternehmens und/oder seiner Kunden stehlen und auch finanzielle Kosten verursachen:

- Einrichtung eines Callcenters, um auf die Ängste der Kunden einzugehen und sie zu informieren ;
- Verlust von aktuellen und potenziellen Kunden ;
- Die Verschlechterung des Netzwerks führt im Fall eines Online-Shops zu einem Geschäftsverlust.

---

[7] **Ransomware** oder Lösegeld-Software ist bösartige Computersoftware, die verschlüsselte Daten als Geiseln nimmt, die auf dem Computer befindlichen Dateien sperrt und ein Lösegeld für einen Schlüssel verlangt, mit dem die Daten wieder entschlüsselt werden können.

[8] **Wannacry:** ist eine Ransomware-Malware.

- Ausfall von Computerhardware

Der Ausfall von IT-Hardware ist der Schaden, der an der physischen Hardware (Zentraleinheit, Drucker, Festplatte ...) des Unternehmens durch einen Einbruch verursacht wird.

Der Angreifer zielt auf die Inbesitznahme einer großen Anzahl von PCs ab und nutzt alle seine Ressourcen, um den Server über einen bestimmten Zeitraum zu sättigen. Dies geschieht in der Regel mithilfe eines Computervirus.

Computerviren können zu Ausfällen von Computern führen. Die Beschädigung dieses Datenträgers führt zu einem großen Informationsverlust, einer Unterbrechung der Geschäftstätigkeit und einem großen finanziellen Verlust.

4. Das unbeabsichtigte Risiko

Unbeabsichtigte Risiken sind Risiken, die die Computeranlage des Unternehmens beschädigen oder einen Netzwerkausfall verursachen können, der zu einem Ausfall des Informationssystems und/oder zum Verlust vertraulicher Daten führt.

Unbeabsichtigte Risiken können auftreten als Folge von :

- Zufällige Schäden durch externe Ursachen: wie Naturkatastrophen (Feuer, Explosion, Überschwemmung ...), Überspannung in Netzwerken, elektrische Schäden, schwache Stromversorgung des Computerraums.
- Zufällige, vom Menschen verursachte Schäden: Dazu gehören Fehler oder Fahrlässigkeit wie z. B. eine falsche Konfiguration der Computerhardware, die zu großen Abweichungen oder Datenverlusten im System führen kann, der Ausfall von Computergeräten und Softwarefehler.

❖ **Realer Fall**

Vélizy: Am 13. Juni 2011 verursachte eine Maschine, die zu den öffentlichen Arbeiten gehörte, einen optischen Schaden, der den Internetzugang für lokale Unternehmen, darunter SFR, Free und Carrefour, unterbrach ...

Das Vorhandensein dieser verschiedenen Arten von Cyberrisiken zwingt die Unternehmen, Maßnahmen zu ergreifen, um Verluste zu vermeiden, z. B. durch den Einsatz von Versicherungen. Die Versicherung gegen Cyber-Risiken wird im nächsten Abschnitt untersucht.

Abschnitt 2: Definition von Cyber-Versicherung

1. Geschichte der Cyber-Versicherung

Cyber-Versicherungen kamen in den 1990er Jahren im Bankensektor auf (ANDERSON, 1994) und die ersten Angebote kamen in den angelsächsischen Ländern auf den Markt, haben sich seitdem aber in allen entwickelten Ländern ausgebreitet und viele verschiedene Branchen erreicht.

Die meisten Unternehmen ziehen es vor, sich selbst zu versichern, zumal die auf dem Markt erhältlichen Policen nicht alle Risiken abdecken.

Die ersten Versicherungspolicen deckten nur materielle Schäden ab, später fügten sie zusätzliche Garantien gegen immaterielle Schäden und eine Deckung für mögliche Schäden an Dritten hinzu.

Im Jahr 2003 schlossen die Versicherer Cyberrisiken aus den herkömmlichen Policen aus, um einen unabhängigen Vertrag zur Deckung von Cyberrisiken zu etablieren. In den kommenden Jahren ist mit einem Wachstum des Marktes zu rechnen.

2. Definition von Cyber-Versicherung

Cyber-Versicherung ist definiert als ein Versicherungsprodukt, das den Versicherten gegen Schäden an der IT-Infrastruktur absichern soll. Es handelt sich um eine Schutzpolitik, die von einem Unternehmen gewählt wird, um sich vor den finanziellen und rechtlichen Folgen zu schützen, die ihm durch Löschung, Verletzung von Daten in seinem Informationssystem, Verletzung der Netzwerksicherheit und der Privatsphäre oder Vertraulichkeit von Daten entstehen könnten.

Unternehmen sind nicht verpflichtet, eine Cyberversicherung abzuschließen, aber die steigenden Auswirkungen von Cyberrisiken machen die Versicherung zu einer unmittelbaren Notwendigkeit.

Die Versicherungsgesellschaft haftet für alle Ansprüche des Versicherten. Es handelt sich um eine umfassende Mehrfachversicherung, die auf die Bedürfnisse des Versicherten zugeschnitten ist.

3. Arten von Cyber-Versicherungsgarantien

Das Produkt Cyber-Versicherung ist ein neues Produkt mit hohem Wachstumspotenzial. In diesem Rahmen bieten die Versicherer Garantien und Lösungen an, die dem Cyber-Risiko angemessen sind, und zwar durch Partnerschaften mit Experten im IT-Bereich.

3.1. Garantie für Betriebsverluste

Der Betriebsausfall ist der Verlust der Einnahmen eines Unternehmens aufgrund eines Computerangriffs, der sich negativ auf die normale Geschäftstätigkeit auswirkt.

Die Risikobewertung stellt die größte Schwierigkeit bei der Vertragsgestaltung dar. Ein Fragebogen muss daher sehr technisch, spezifisch, umfassend und vor allem jährlich aktualisiert werden, da sich die Technologien weiterentwickeln und der Versicherte neue Produkte oder Anwendungen einführt.

Im Anschluss an seine jährliche Untersuchung und im Rahmen seiner präventiven Verpflichtung stellt der Versicherer erhebliche Einkommensverluste seines Versicherungsnehmers fest.

- Kosten für die Wiederherstellung verlorener Daten: sind die Kosten für Korrekturmaßnahmen, die als Notfallmaßnahmen bestimmt werden ;
- Die Kosten für das erneute Aufschalten der angegriffenen Webseite ;
- Zusätzliche Kosten: sind die Kosten für eine Verwaltungsabteilung, die Dienstleistung eines IT-Experten, die Honorare für Krisenkommunikation ... ;
- Kosten für Monitoring und Überwachung: Kosten für spezialisierte Unternehmen, die Sicherheitslücken erkennen, und Kosten für die Verstärkung der Sicherheit;
- Die Höhe des Lösegelds und die Kosten für spezialisierte Berater im Falle einer Erpressung.

3.2. Garantie von Finanz- und Steuerkosten

Die Bewertung eines solchen finanziellen Verlustes ist schwierig, da die Bestimmung der Kosten eines Sicherheitsvorfalls nicht einfach ist.

In Bezug auf Steuerrisiken:
- zivilrechtliche Geldstrafen (Fall von missbräuchlichen Verfahren) ;
- Administrative Bußgelder (nach einer Untersuchung, kostspiele Sanktionen, die von Verwaltungsbehörden aufgrund von Verstößen gegen Sicherheitsverfahren verhängt werden) ;
- Strafrechtliche Bußgelder (Feststellungen des Eindringens in persönliche Daten) ;
- Säumniszuschläge (infolge des schädigenden Ereignisses) ;
- PCI -DSS (PCI -DSS ist der Datensicherheitsstandard für Zahlungskarten wie Visa, MasterCard, American Express, der nur Bankgeschäfte abdeckt) ;
- PCI -DSS-Strafen (für den Nicht-Bankensektor, falls es ihn noch gibt) sind derzeit noch nicht messbar.

Diese Lösung unterliegt jedoch zahlreichen vertraglichen und rechtlichen Zwängen. Unternehmen sind nicht befugt, Cyberangriffe rechtlich zu behandeln, weshalb Versicherer die rechtliche Behandlung des Themas in ihre Angebote aufnehmen.

Gleichzeitig sind Versicherungsunternehmen aufgrund des erheblichen Mangels an IT-Sicherheitsexperten noch nicht bereit, eine spezialisierte Abteilung aufzubauen, die sich zuverlässig mit solchen Belastungen auseinandersetzen kann.

3.3. Garantie der Kosten für technische Experten

Die Versicherungsgesellschaften bieten spezielle Leistungen an, die sich in regelmäßigen Prüfungen und Diagnosen der Schutzsysteme des Unternehmens sowie in Schulungen der Mitarbeiter gegen die verschiedenen Arten von Cyberangriffen äußern.

Die Existenz einer Einheit für technische Expertise und Ausbildung in der Versicherungsgesellschaft und die Bereitstellung von spezialisierten Experten für ihren Kunden spiegelt die Erfahrung und den Grad der Spezialisierung der Versicherungsgesellschaft im Bereich Cyberangriffe wider.

Die technische Expertise umfasst in der Regel :
- Die Einführung eines Fragebogens "Risikobesuch "um sich vor einem Angriff zu warnen;
- Die jährliche Überarbeitung des Fragebogens unter Berücksichtigung möglicher Veränderungen innerhalb der Gesellschaft ;
- Die jährliche Bewertung der Wahrscheinlichkeit eines Angriffs und der wahrscheinlichen Kosten im Falle des Eintretens des Risikos ;
- Schulung von Personal, Mitarbeitern und Partnern des Unternehmens gegen Computereinbruchsaktionen ;
- Die Suche nach den Ursachen der Angriffe ;
- Rekonstruktion der Daten ;
- Krisenmanagement und Beratung ;
- Verbesserung der Computersicherheit ;
- Empfehlungen formulieren, um einen weiteren Angriff zu verhindern oder seine Auswirkungen zu begrenzen ;
- Beratung, Unterstützung und rechtliche Maßnahmen.

3.4. **Sicherung der Aktivität gegen die Wirkung der Beeinträchtigung**

Versicherer müssen ihre Kunden durch die Absicherung des Geschäftsbetriebs vor Beeinträchtigungen schützen. Diese ist in der Regel unfallbedingt oder vorsätzlich und wirkt sich direkt auf das Informationssystem aus.

Die Wirkung der Beeinträchtigung bezieht sich auf alle verschiedenen Aktionen und wirkt hauptsächlich auf :

- Persönliche Daten des Kunden (Personenstandsdaten, - *Bankdaten.*) ;
- Geschäftsdaten (*Prospektionsdateien, Lieferantendaten, - Daten von Geschäftspartnern.*) ;
- Strategische Daten (*Daten, die in der Regel unter das Recht des geistigen Eigentums fallen*) ;
- Daten, die unter die Geheimhaltung der Verteidigung fallen (*diese Daten könnten ein Ziel für Personen sein, die den Staat destabilisieren wollen*).

3.5. **Sicherung der Marke, des Images und Hilfe bei der Wiederbelebung des Geschäfts des Versicherten auf dem Markt**

Der Versicherer garantiert seinem Kunden im Falle eines Cyberangriffs neben der technischen Unterstützung, dem Krisenmanagement, der Einleitung von Untersuchungen und rechtlichen Schritten auch den langfristigen Schutz seines Rufs.

Unternehmen, deren Daten verletzt oder gestohlen wurden, verlieren ihre Glaubwürdigkeit und Ehrlichkeit gegenüber ihren Kunden. Dies führt zu einem drastischen Rückgang der Kundenzahlen und des Umsatzes, zu einem Imageverlust und zu Medienkrisen.

3.6. **Deckungen der Haftpflichtversicherung**

Der Versicherer muss das Unternehmen verpflichten, technische und organisatorische Maßnahmen zu ergreifen, um die persönlichen Daten seiner Kunden vor Cyberangriffen zu schützen (zufällige oder unrechtmäßige Zerstörung, Verlust, Veränderung, Verbreitung oder unberechtigter Zugriff), insbesondere da die gesamte Verarbeitung der persönlichen Daten über das Internet erfolgt. Im Falle eines Fehlers kann das Unternehmen zivilrechtlich haftbar gemacht werden.

Diese Maßnahmen, werden auf 2 Ebenen durchgeführt:

➢ **Technische Ebene:** Es muss ein System zur Blockierung von Eindringversuchen und Viren eingeführt werden, das täglich aktualisiert werden muss.

➢ **Rechtliche Ebene:** Erstellung einer Charta für die Nutzung von Computern und Netzwerken innerhalb des Unternehmens, in der die von allen Mitarbeitern einzuhaltenden Sicherheitsverfahren festgelegt werden.

4. Die verschiedenen Verträge der Cyber-Risiko-Versicherung

Eine Cyber-Risiko-Versicherung deckt in der Regel den Schaden, der durch einen Cyber-Angriff entsteht. Die Versicherung beinhaltet auch die wichtigsten Sicherheitsrichtlinien und -regeln und gilt als "Cyber-Hygiene" für Unternehmen.

In der Regel gibt es drei große Arten von Versicherungsverträgen: den Vertrag für alle IT-Risiken, den Vertrag für immaterielle IT-Schäden und den Haftpflichtvertrag."

4.1. **Der Vertrag für alle Computerrisiken**

In den meisten Fällen ist die IT-Risikoversicherung (ITR) ein integraler Bestandteil der

Vollkaskoversicherung für Geschäftsräume, außer wenn die Besonderheiten bestimmter IT-Hardware den Abschluss eines speziellen Versicherungsvertrags erfordern.

Diese Versicherung deckt Zerstörung, Verlust, Veränderung und Diebstahl von Computer- und Bürogeräten durch interne Unfälle (Brand, Explosion, Wasserschaden), externe Ursachen (z. B. Diebstahl des Geräts) oder menschliche Fehler (Ungeschicklichkeit oder Böswilligkeit).

Die Leistungen des Versicherungsvertrags können auf Datenträger, Peripheriegeräte, Klimaanlagen, Alarm- und Überwachungsanlagen ausgedehnt werden, aber dieser Vertrag wird keine immateriellen Schäden berücksichtigen.

Die Entschädigung von Materialien erfolgt auf der Grundlage ihres Alters, am häufigsten wird der Neuwert der Materialien unter Berücksichtigung ihres Anschaffungsdatums garantiert.

In diesem Vertrag garantiert der Versicherer die Zahlung der Kosten, die dem Versicherten entstanden sind, um :

- Der Ersatz aller versicherten Computermedien, die von der versicherten Person zur Informationsverarbeitung verwendet werden, einschließlich an Orten, an denen Material gesichert wird, und während des Transports;
- Die Rekonstruktion der Informationen auf diesen Medien ;
- Die Ausgrabungskosten, d. h. die Kosten, die für die Entfernung der beschädigten Materialien und Zubehörteile, ihre Einrichtung und ihre Verlagerung zum Schrottplatz erforderlich sind;
- Die zusätzlichen Betriebskosten sind die Kosten, die dem Experten gezahlt werden, damit der Versicherte die Informationsverarbeitung ohne Unterbrechung und unter möglichst normalen Bedingungen fortsetzen kann, bis neue Geräte angeschafft und installiert werden;
- Der Vertrag kann auch eine Betriebsunterbrechungsdeckung vorsehen, um Betriebsverluste abzudecken, die durch die Beschädigung von Computerausrüstung und -material entstehen;
- Kosten, die für das Nachfüllen und/oder Ersetzen von Schutzsystemen für Güter, die Gegenstand dieser Garantie sind, entstehen.

4.2. Der Vertrag über immaterielle Computerschäden

Dieser Vertrag ist unabhängig vom Vertrag "Tous Risques Informatiques" (TRI), der sich mit materiellen Schäden an IT-Ausrüstungen befasst. Er ergänzt diesen in Bezug auf immaterielle Schäden an den Computerdaten des Unternehmens.

Der Versicherungsvertrag für immaterielle Computerschäden tritt infolge der Eingabe, Veränderung oder Zerstörung von Daten ein, die auf das Eintreten eines der folgenden Ereignisse zurückzuführen ist: interne und/oder externe Böswilligkeit, Eindringen, Virenbefall, menschliches Versagen bei der Ausführung von Leistungen und der Dateneingabe sowie Ausfall oder Störung von Computer- oder Telekommunikationseinrichtungen.

Der Vertrag für immaterielle Computerschäden deckt im Wesentlichen :

- Betriebsverluste infolge des Eintretens eines garantierten Ereignisses (mit *Ausnahme*

von menschlichem Versagen im Allgemeinen) ;
- Kosten für Benachrichtigung, Überwachung, Unterstützung oder Suche ;
- Zusätzliche Betriebskosten, die durch den Einsatz von zusätzlichem Personal von Subunternehmern und externer Ausrüstung entstehen, bis die neuen Programme in Betrieb genommen werden;
- Honorare für Sachverständige, um den Ursprung und die Umstände eines Schadens zu ermitteln, einschließlich der Kosten für Untersuchungen und Ermittlungen,
- Ausgaben für Öffentlichkeitsarbeit und den Erhalt des Markenimages,
- Kosten für Rechtsbehelfe und Kosten, die durch die unbefugte Nutzung des Computersystems entstehen.

4.3. Der Haftpflichtvertrag (RC)
Die zivilrechtliche Haftung beinhaltet die Verpflichtung, den Schaden, der anderen zugefügt wurde, zu ersetzen. Ein Haftpflichtvertrag deckt die finanziellen Folgen von Schäden ab, die einem Dritten durch Fehler, Fahrlässigkeit oder Unterlassungen (Berufsfehler) entstehen, die von Mitarbeitern, Verantwortlichen und Führungskräften des Versicherten bei der Ausübung ihrer Tätigkeit begangen werden.

Zu beachten ist, dass in einigen realen Fällen auch der Arbeitnehmer selbst als natürliche Person gegen das Unternehmen vorgehen kann, wenn seine persönlichen Daten durchsickern, da sein Unternehmen zwangsläufig seine eigenen Daten besitzt.

Es wird unterschieden:

> **Die Berufshaftpflichtversicherung**: Sie deckt Ansprüche von Kunden aufgrund von Fehlern, Irrtümern, Nachlässigkeiten und Beratungsmängeln im Rahmen seiner beruflichen Tätigkeit ab.

> **Die Berufshaftpflichtversicherung für Dritte**: Deckt in der Regel Schäden an Computernetzwerken und deren Nichtverfügbarkeit für Kunden sowie Dritte ab.

> **Die Haftpflichtversicherung für Fehler und Unterlassungen**: ist speziell für Unternehmen konzipiert, die im Technologiebereich tätig sind. Der Versicherer ist verpflichtet, aufgrund eines wirtschaftlichen Verlustes, der seinen Produkten oder seiner Arbeit zuzuschreiben ist und durch einen Fehler, eine Unterlassung oder eine fahrlässige Handlung verursacht wurde, zu zahlen...

> **Netzwerksicherheits-Haftpflichtversicherung:** Diese Versicherung schützt das Unternehmen vor Ansprüchen, die sich aus dem unbefugten Zugriff oder der Übertragung eines Computervirus ergeben Netzwerkkommunikation, die elektronische Daten oder private oder vertrauliche Informationen Dritter betrifft.

> **Haftpflichtversicherung im Zusammenhang mit Kommunikation und Medien :**
Diese Versicherungsart schützt das Unternehmen vor Verletzungen oder Verstößen gegen das Urheberrecht an Titeln, Patenten, Slogans, Handelsmarken, Verpackungen oder Dienstleistungsmarken, die auf das abgedeckte Material des Unternehmens abzielen.

KAPITEL 2

Erwartungen und Grenzen der Versicherung von Cyber-Risiken

Jedes Unternehmen verfügt über vertrauliche und strategische Daten. Die Verletzung, der Verlust und der Verlust von Daten gehören zu den größten Risiken, denen die meisten Unternehmen ausgesetzt sind und die große finanzielle Schäden verursachen können. Cybersicherheit ist die optimale Lösung für all diese Informationsprobleme, aber manchmal ist sie nicht ausreichend.

Abschnitt 1: Erwartungen an die Cyber-Risiko-Versicherung

1. Krisenprävention und -management

Heutzutage trifft ein Cyberangriff potenziell jedes gefährdete Unternehmen. Die finanziellen und organisatorischen Auswirkungen sind sehr groß und können sogar fatale Folgen für das Vertrauen zwischen dem Unternehmen und seinen Kunden, Partnern und Mitarbeitern haben. Die Logik impliziert, dass die beste Verteidigung die Prävention ist.

Prävention minimiert den Schaden und ermöglicht innerhalb kurzer Zeit die Wiederherstellung von Systemen, bevor sich Schäden ausbreiten können.

Unternehmen müssen eine Verteidigungsstrategie entwickeln, die Verantwortlichkeiten und Maßnahmen jedes Einzelnen festlegen, den Plan in die Praxis umsetzen und anpassen. Wir sprechen von Cyber-Resilienz. Oder wie man nach einem Angriff wieder in seinen ursprünglichen Zustand zurückkehrt.

Damit dies gelingt, müssen Krisenprävention und -management folgende Schritte durchlaufen:

1.1. Die Erkennung von Angriffen

Die Erkennung von Angriffen erfordert zwingend rationale Ermittlungsarbeit, um die Ursprünge und Auswirkungen sowohl auf organisatorischer als auch auf finanzieller, regulatorischer und kommerzieller Ebene zu kennen, bevor Entscheidungen getroffen werden können.

Die Erkennung des Angriffs kann :
- Interne Aufdeckung durch das Unternehmen ;
- Externe Erkennung durch Medien, Kunden oder eine autorisierte Organisation wie ANSI .[9]

Diese Erkennungssysteme müssen große Mengen an Informationen verarbeiten und die Lösung sortieren, um von einem reaktiven zu einem präventiven Modus der Bekämpfung von Cyberangriffen überzugehen, sodass die Vorbereitung auf Vorfälle eine wichtige Phase des Krisenmanagements darstellt.

a. Vorbereitung auf Vorfälle

Angesichts der zunehmenden Zahl und Vielfalt von Angriffen müssen sich Unternehmen auf geeignete Weise darauf vorbereiten, um ihr Betriebssystem zu schützen. In der Praxis muss das Unternehmen :

➢ Einrichtung einer Datenbank, in der die jüngsten Vorfälle und Angriffe entweder auf

---

[9] ANSI (Agence National de la Sécurité Informatique): Führt eine allgemeine Kontrolle des Computersystems und der Netzwerke durch, die für verschiedene öffentliche und private Einrichtungen zuständig sind.

nationaler oder internationaler Ebene sowie die zur Lösung der Situation angewandten Techniken erfasst werden.

> einen Vorbereitungsprozess für die Identifizierung, Analyse, Verarbeitung und schnelle Aktivierung eines Reaktionsplans für mögliche Angriffe einrichten, um sicherzustellen, dass ihre Prozesse funktionieren und in der Lage sind, jederzeit verschiedene mögliche Bedrohungen zu erkennen und abzuwehren.

> Die tägliche Bewertung der Situation, gefolgt von wahrscheinlichen Aktionsplänen, um die Entwicklung des Angriffs und weitere Schäden zu verhindern. Sobald auf ein System zugegriffen wird, muss es unbedingt isoliert und deaktiviert werden, damit der Angriff erfasst werden kann.

b. Einsetzung eines Interventionsteams

Die Erstellung eines Interventionsplans erfordert ein Team, das für seine Umsetzung bestimmt ist. Um bei seiner Aufgabe erfolgreich zu sein, muss dieses Team ausschließlich von der obersten Leitung des Unternehmens unterstützt werden.

In manchen Fällen entwickelt sich der Angriff sehr schnell, sodass Entscheidungen sofort getroffen werden müssen und die Unternehmensleitung direkt beteiligt werden muss.

Allerdings wird das Team vom Spezialisten für Cyberangriffe geleitet. Er verfügt über die professionellen Techniken zur Schadensbegrenzung und die Fähigkeit, den Aktionsplan umzusetzen.

Das Einsatzteam kann auch auf Personal außerhalb des Unternehmens zurückgreifen, z. B. auf externe Experten, die sich auf ähnliche Vorfälle spezialisiert haben.

c. Die Prüfung des Interventionsplans

Sobald der Interventionsplan erstellt ist, muss er regelmäßig getestet werden, um seine Schwachstellen aufzudecken und die Fähigkeiten des Teams zu entwickeln, das die Aufgabe hat, den Interventionsplan zu aktualisieren, um auf jeden Vorfall reagieren zu können.

3.2. Schutz vor Cyberangriffen

a. Informationssysteme gegenüber Dritten

Zunächst ist zu beachten, dass die Wiederherstellung eines Computersystems nach einem großen Einbruch für das Unternehmen mit erheblichen Kosten verbunden ist, insbesondere wenn der Angriff zu spät erkannt wurde.

In den meisten Fällen ist der Angriff auf einen Konflikt zwischen privaten und geschäftlichen Nutzern von Informationssystemen zurückzuführen, wobei eine kleine Schwachstelle bei einem von ihnen zu einem großen Risiko für den anderen werden kann.

Computernetzwerke gewährleisten die Verbindung zwischen einem Auftraggeber und einem Dienstleister. Der Täter zielt darauf ab, in das System einzudringen, um persönliche Daten und Bankdaten (Name, Adresse, Passwort, IBAN, Kreditkartennummern usw.) zu entwenden. Wiederholte Versuche machen das Computersystem verwundbar.

Die Auswirkungen eines Ausfalls werden beträchtlich sein, vor allem wenn das Computersystem nicht schnell gefunden wird. Hier muss die Versicherung mit gut auf die Bedürfnisse der Unternehmen abgestimmten Garantien eingreifen.

Das Angebot des Versicherers umfasst in der Regel die Einrichtung einer neuen IT-Infrastruktur sowie die Analyse der Ursprünge der Sicherheitslücke für das Eindringen und den Diebstahl von Informationen.

Die Versicherer zielen in der Regel auf Unternehmen ab, die in einem Industrie- und Handelssektor tätig sind, der Wert auf Sicherheit, Präventionsstrategien und Schutzmaßnahmen legt.

b- Die Daten

Die Verantwortung des Versicherers ist sehr heikel. Er sorgt nicht nur für die Sicherheit des Informationssystems, sondern sammelt auch die genauesten Informationen über den Inhalt und die Menge der Daten.

Der Versicherer muss den Wert der Daten, die Risiken, die entstehen können, und das Schutzniveau seines Versicherungsnehmers berücksichtigen.

Versicherer müssen daher persönliche Daten schützen, um den Versicherten Vertrauen, Transparenz und die Garantie der Geheimhaltung ihrer Daten zu bieten und ihre Sorgen vor Angriffen zu mildern.

Der Versicherungsmarkt im Bereich der Datensicherheit wächst daher stark an. Daher muss das Bewusstsein der Industrie und der Dienstleister für die Bedeutung von qualitativen und quantitativen Datenbanken geschärft werden.

Es wurden neue Bestimmungen zum Schutz dieser Daten eingeführt, diese Maßnahmen sollen die Freiheit in der Computerwelt einschränken. Die bekannteste in der Versicherungsbranche ist die "Big Data"-Technologie[10] oder "Mega"-Daten, bei der eine große Anzahl digitaler Daten (E-Mails, soziale Netzwerke, Banktransaktionen ...) erzeugt und gespeichert wird.

3.3. Die Linderung von Vorurteilen

Die Cyber-Versicherung zielt darauf ab, den Schaden zu lindern, der durch das Eindringen, Löschen, Verändern oder den Diebstahl von Daten aus dem Informationssystem entstanden ist, indem sie immaterielle Schäden ersetzt.

Um den vielfältigen Folgen eines Cyberangriffs zu begegnen, auf die ein Unternehmen nicht immer vorbereitet ist, kann eine Cyberversicherung die Auswirkungen auf die Geschäftstätigkeit begrenzen und die Rentabilität des Unternehmens erhalten.

Abschnitt 2: Die Grenzen der Cyber-Risiko-Versicherung

1. Typologie von Computerangriffen

Die Typologie von Computerangriffen ist nicht sehr kompliziert, aber sie ist sehr aktiv gegen alle Arten von Maschinen mit einem Betriebssystem (Windows, Linux, einfaches kommerzielles Unix).

Nach einer gründlichen Untersuchung und unter Berücksichtigung unseres Hauptthemas, der Cyberversicherung, haben wir uns für die Klassifizierung von Cybertechnikern entschieden, die zwischen Angriffen unterscheidet, bei denen Hardware und Computersysteme das Ziel sind, und solchen, bei denen Hardware und Computersysteme die Instrumente sind, sowie für die besondere Klassifizierung von Versicherern, die sich auf die Deckung von Cyberrisiken spezialisiert haben.

---

[10] **Big Data (Mega):** bezeichnet Datenmengen, die so groß geworden sind, dass sie die Intuition und die menschlichen Analysefähigkeiten und sogar die herkömmlichen IT-Tools für das Datenbank- oder Informationsmanagement übersteigen.

2. Angriffstypologien aus Sicht von Cyber-Technikern

2.1. Angriff auf die Sicherheit

Im Allgemeinen zielen Cyberangriffe auf die Sicherheit von Hardware und Informationssystemen ab, da das Betriebssystem der Informationslieferant ist. Der Schaltkreis wird ausgelöst, wenn Daten oder Informationen von einer Quelle in den Hauptspeicher an eine andere Datei oder einen anderen Benutzer übertragen werden.

Dieser Vorgang kann vier Arten von Angriffen auf die Sicherheit verursachen:

➤ Sicherheitsangriffe: Unterbrechung

Dies ist ein Angriff auf die Verfügbarkeit des Systems, er zielt auf den Hardwareteil (z. B. die Festplatte), die Unterbrechung einer Kommunikationsleitung oder die Außerbetriebnahme eines Dateiverwaltungssystems, er macht diese Teile unbrauchbar und inaktiv.

➤ Sicherheitsangriffe: Abfangen

Dies ist ein Angriff auf die Privatsphäre, bei dem eine unbefugte Person Zugriff auf einen Eintrag in einem Programm oder auf einen Computer erhält (z. B. unbefugtes Kopieren von Dateien), sie kann sogar Antivirenprogramme und Firewalls angreifen, um sie zu hemmen und zu deaktivieren.

➤ Sicherheitsangriffe: Änderung

Ein Angriff auf die Integrität, bei dem es einer nicht autorisierten dritten Partei gelingt, die Werte oder den Inhalt einer Datendatei auf ungewöhnliche Weise zu verändern (z. B. das Verhalten eines Programms zu verändern). Dies ist der Fall bei einem *Trojaner-Virus*[11] , der dazu verwendet wurde, einen *Keylogger*[12] oder einen *BACKDOOR*[13] etc. zu installieren.

➤ Sicherheitsangriffe: Herstellung

Ein Angriff auf die Authentizität, bei dem eine nicht autorisierte Person falsche Informationen, d. h. Fälschungen, in das System einfügt (z. B. das Einfügen von gefälschten Nachrichten in ein Netzwerk).

2.2. Direkte Angriffe, indirekte Angriffe und Rückprallangriffe

➤ **Direkte Angriffe**: Dies ist die einfachste und häufigste Art des Angriffs. Der Angreifer greift das Unternehmen direkt von seinem Arbeitsplatz aus über eine Vielzahl von Szenarien an, die leicht parametrierbar sind, und die von ihnen verwendeten Eindringprogramme senden direkt Signale an ihr Opfer.

➤ **Bounce-Angriffe**: Im Gegensatz zu direkten Angriffen wird hierbei ein Rechner über einen anderen Rechner angegriffen, um alle Spuren zu verwischen, die auf den Hacker hinweisen. Diese Art von Angriff wird immer häufiger, vor allem, wenn das drahtlose Netzwerk nicht ausreichend gesichert ist. Ein Hacker in der Nähe kann es für Angriffe

---

[11] **Trojanisches Pferd**: ist ein bösartiger Code in einem Programm, der dazu führt, dass der Computer nicht mehr richtig funktioniert und der Hacker die Kontrolle über den Computer übernimmt. Der Betrüger sendet normalerweise eine E-Mail an die Person, über deren Computer er sich Zugang verschaffen will, und fügt sein "Pferd" in einen Anhang ein. Das Ziel des Hackers ist es, die Datei zu öffnen und in einem zweiten Schritt auf den Computer zuzugreifen.

[12] **Keylogger** (ein Keylogger): ist Spyware oder ein Gerät, das den Benutzer eines Computers von einem Computer aus elektronisch ausspioniert. Der Zweck dieses Werkzeugs ist vielfältig und kann sich als legitim darstellen, kann aber nur durch das Ausspionieren der Computerintimität des Benutzers sichergestellt werden.

[13] BACKDOOR (eine Hintertür) Die Person, die die Hintertür kennt, kann sie nutzen, um die Aktivisten der Software zu überwachen oder sogar die Kontrolle über sie zu übernehmen.

nutzen, was zeigt, dass es wichtig ist, sein Netzwerk oder seinen Computer zu schützen. Nach einem Angriff ist es sehr wahrscheinlich, dass die erste Person, die beschlagnahmt oder als "Komplize" verdächtigt wird, nur der Besitzer des Rechners ist, der als Abpraller diente.

> **Indirekte Angriffe durch Antworten**: Dies ist die perfekte Ableitung des Bounce-Angriffs und führt zum gleichen Ergebnis, aber anstatt einen Angriff an den Zwischenrechner zu senden, damit dieser ihn an das Netzwerk weiterleitet, sendet der Angreifer eine Anfrage an den Zwischenrechner und durch die Rücksendung der Antwort auf diese Anfrage gelangt der Angriff in den Opferrechner.

3. Angriffstypologien nach den Cyber-Versicherern

3.1. Die von der Versicherungspolice abgedeckten Angriffe

Sie betreffen alle Arten von Aktivitäten, die stark von der Nutzung von Informationssystemen abhängig sind. Besonders betroffen sind die Bereiche Finanzdienstleistungen, Gesundheitswesen und E-Commerce.

Statistisch gesehen ist der Bankensektor das am stärksten gefährdete Ziel, das immer raffinierteren Angriffen durch :

➤ **Angriffe auf Geldautomaten (Geldautomaten):**

Dabei werden entweder Hardwarekomponenten an den Geldautomaten angebracht (z. B. Geräte, die die Karte "schlucken" und das Opfer bei der Eingabe der PIN filmen) oder es wird direkt auf das System zugegriffen. Ein typisches Beispiel ist das *"Skimming"*, das darauf abzielt, die Daten von Bankkarten und möglicherweise die PIN-Nummer zu erhalten.

➤ **Angriffe auf Informationssysteme von Banken, die Geldautomaten steuern :**

Der Angreifer verschafft sich Zugang zum Informationssystem, um die Konfigurationselemente durch den Versand von präparierten E-Mails an einige ausgewählte Führungskräfte der Bank zu ändern, um das Geldautomatensystem zu kontrollieren[14] , Zu dieser Art von Bedrohungen gehören auch die Angriffe der *Anunak-Gruppe*[15] in Russland.

➤ **Angriffe auf Software, die für Banküberweisungen zuständig ist (SEPA und SWIFT)**

Die Angreifer kombinieren Social Engineering, Malware und manuelle Eindringtechniken, um die Überweisungssoftware zu kompromittieren. Diese Angriffe haben aufgrund der auf dem Spiel stehenden Summen große Auswirkungen. Beispiele sind die Zentralbank von Bangladesch (81 Mio. $ Verlust) und die russische Zentralbank (31 Mio. $ Verlust).

2.3. Angriffe, die traditionelle Versicherungen betreffen

Dies sind Angriffe, die Schäden an der Infrastruktur der Versicherten verursachen und zu kolossalen Verlusten führen können, wie :

- Zerstörung von Dateien: Angriffe zerstören Dateien mit Daten und Programmen ganz oder teilweise;
- Dateibeschädigung: Die Angriffe zerstören nicht, sondern beschädigen den Inhalt der

---

[14] **DAB-Systeme:** Jedes Programm wird mit Informationen wie seinem Namen, den Titeln der Sendungen oder Musikstücke, die auf Sendung gehen, und eventuell sogar mit zusätzlichen Bildern und Daten versehen. Geeignet muss verwendet werden: Herkömmliche analoge AM- und/oder FM-Radioempfänger können die digitalen Daten von DAB nicht dekodieren.

[15] **Anunak:** ist eine Malware, die sich auf den Diebstahl von Bankdaten spezialisiert hat.

Dateien z.b., änderten vorhandene Werte oder Zahlen ;
- Systeminstabilität: Angriffe machen das System instabil, ohne es zu zerstören, z. B. wenn eine Nachricht oder ein Bild immer wieder angezeigt wird und ein Symbol nicht angeklickt werden kann ;
- Beschädigung und Zerstörung von Computerhardware ;
- Relaisangriff: Das Besondere an dieser Art von Angriff ist, dass er nicht den Computer selbst betrifft, sondern sich aktiv und sehr schnell über den ganzen Planeten und schließlich die ganze Welt verbreitet.

KAPITEL 3

Versicherung von Cyberrisiken auf nationaler Ebene

In Tunesien haben die neuen Informations- und Kommunikationstechnologien seit den 1990er Jahren eine große Entwicklung durchgemacht. Daher ist Tunesien eines der ersten Länder in Nordafrika, das dank einer entwickelten Infrastruktur das Internet eingeführt hat. Dennoch müssen bei dieser Entwicklung die organisatorischen und finanziellen Folgen berücksichtigt werden. Schwachstellen können dazu führen, dass Zeit verloren geht, um verlorene Daten unter Inkaufnahme von Risiken wieder aufzuholen. Daher sind die Informationen tunesischer Unternehmen zunehmend von böswilligen Angreifern bedroht.

Tunesien verfügt über ein sehr gut entwickeltes rechtliches Instrumentarium im Bereich des Datenschutzes und der Computersicherheit. Diese Vorschriften verlangen von allen Unternehmen, dass sie über technische und personelle Mittel und Werkzeuge verfügen, die dazu dienen, ihre Systeme gut zu sichern.

Im Folgenden beginnen wir mit der Regulierung der Datensicherheit in Tunesien, bevor wir uns auf die Notwendigkeit der Risikobewertung für Cyberversicherungen konzentrieren. Wir schließen mit einem empirischen Teil, der dazu dient, das Konzept dieses neuen Produkts in Tunesien anhand einer Umfrage detailliert zu beschreiben, um zwei Erklärungsmodelle abzuleiten, die die Einführung von Cyberversicherungen erleichtern.

Abschnitt 1: Datensicherheitsvorschriften in Tunesien und die Notwendigkeit der Risikobewertung für die Cyberversicherung

1-Die Vorschriften zur Datensicherheit in Tunesien

Die Cybersicherheit wird in Tunesien von der 2004 gegründeten Nationalen Agentur für Computersicherheit *ANSI* geleitet, die dem Minister für Kommunikationstechnologie und digitale Wirtschaft unterstellt ist. Sie hat folgende Ziele

- Kontrolle von öffentlichen und privaten Informationssystemen und Netzwerken ;
- Kontrolle der Sicherheitsrichtlinien in Institutionen und Unternehmen ;
- Überprüfen Sie die technologische Anpassung.

Im Falle eines Verlusts vertraulicher Informationen sind die Verantwortlichen und Direktoren verpflichtet, dies der *ANSI zu* melden, und zwar gemäß Artikel 1 des Gesetzes Nr. 2004-5:

"*Jeder Betreiber eines Computersystems oder Netzwerks, sei es eine öffentliche oder private Einrichtung , muss die nationale Agentur für Computersicherheit unverzüglich über alle Angriffe, Eindringlinge und andere Störungen informieren, die den Betrieb eines anderen Computersystems oder Netzwerks beeinträchtigen könnten, damit diese die notwendigen Maßnahmen ergreifen kann, um dem entgegenzuwirken*".

Tunesien gehört zu den ersten Ländern, die ein Gesetz über die Pflicht zur regelmäßigen Überprüfung der Sicherheit von Informationssystemen in öffentlichen und einigen privaten Unternehmen eingeführt haben. Diese Verpflichtung unterliegt der Kontrolle der *ANSI*. Diese Gesetze werden im "*Journal Officiel de la République Tunisienne*"[16] veröffentlicht *und als*

---

[16] Das Journal officiel de la République Tunisienne, abgekürzt auch "JORT", ist die vom tunesischen Staat herausgegebene offizielle zweiwöchentliche Zeitung, in der alle gesetzgeberischen Ereignisse, Verordnungen, offiziellen Erklärungen und gesetzlichen Veröffentlichungen festgehalten werden.

staatliches Gesetz ausgeführt. Tunis, den 2. August 1999".

Gesetz Nr. 5-2004 vom 3. Februar 2004: *"relative à la sécurité informatique et pourtant sur l'organisation du domaine de la sécurité informatique et fixant les règles générales de protection des systèmes informatiques et des réseaux".*

Dekret Nr. 1248-2004 vom 25. Mai 2004: *"zur Festlegung der administrativen und finanziellen Organisation und der Funktionsweisen der A.N.S.I.".*

Erlass Nr. 1249-2004 vom 25. Mai 2004: *"zur Festlegung der Bedingungen und Verfahren für die Zertifizierung von Experten im Bereich der Computersicherheit".*

Dekret Nr. 2004-1250 vom Mai 2004: *"zur Festlegung der Computersysteme und Netzwerke von Organisationen, die der regelmäßigen obligatorischen Prüfung der Computersicherheit unterliegen, sowie der Kriterien für die Art und Häufigkeit der Prüfung und der Verfahren zur Überwachung der Umsetzung der im Prüfbericht enthaltenen Empfehlungen".*

Organgesetz Nr. 63-2004 vom 27. Juli 2004: *"portant sur la protection des données à caractère personnel"* (über den *Schutz personenbezogener Daten).*

Rundschreiben Nr. 19 vom 11. April 2007: *"über die Verstärkung der Maßnahmen zur Informatiksicherheit in öffentlichen Einrichtungen (Einrichtung einer technischen Sicherheitszelle, Ernennung eines Verantwortlichen für die Sicherheit der Informatiksysteme RSSI; und Einrichtung eines Lenkungsausschusses)".*

Gesetz Nr. 99-89 vom 2. August 199: *"Änderung und Ergänzung einiger Bestimmungen des Strafgesetzbuches in Bezug auf Cyberkriminalität".*

Artikel 199a: *"Mit einer Freiheitsstrafe von zwei Monaten bis zu einem Jahr und einer Geldstrafe von tausend Dinaren oder nur einer dieser beiden Strafen wird bestraft, wer sich in betrügerischer Absicht Zugang zu einem automatisierten Datenverarbeitungssystem oder zu einem Teil davon verschafft oder darin verbleibt.*

Die Strafe wird auf zwei Jahre Gefängnis und die Geldstrafe auf zweitausend Dinar erhöht, wenn es, auch ohne Vorsatz, zu einer Veränderung oder Zerstörung der Funktion der in dem angegebenen System vorhandenen Daten kommt.

Mit einer Freiheitsstrafe von drei Jahren und einer Geldstrafe von dreitausend Dinaren wird bestraft, wer vorsätzlich die Funktionsweise der automatisierten Verarbeitung beeinträchtigt oder zerstört.

Mit einer Freiheitsstrafe von fünf Jahren und einer Geldstrafe von fünftausend Dinaren wird bestraft, wer in betrügerischer Absicht Daten in ein automatisiertes Verarbeitungssystem eingibt, die geeignet sind, die im Programm enthaltenen Daten oder die Art ihrer Verarbeitung oder Übertragung zu verändern.

Die Strafe wird auf das Doppelte erhöht, wenn die oben genannte Handlung von einer Person bei der Ausübung ihrer beruflichen Tätigkeit begangen wird."

<u>Artikel 199b</u>: *"Mit einer Freiheitsstrafe von zwei Jahren und einer Geldstrafe von zweitausend Dinaren wird bestraft, wer eine wie auch immer geartete Änderung am Inhalt von computergestützten oder elektronischen Dokumenten vornimmt.*
Der Begriff "ursprünglich wahr" ist nur dann wahr, wenn er jemand anderem schadet.
Mit denselben Strafen wird belegt, wer wissentlich eine der folgenden Handlungen begeht: Besitz oder Gebrauch von
oben genannten Dokumenten.
Die Strafe wird auf das Doppelte erhöht, wenn die oben genannten Taten von einem
öffentlicher oder gleichgestellter Beamter".

Quelle: Journal Officiel de la République Tunisienne (Amtsblatt der Tunesischen Republik)

Diese Gesetze werden als unzureichend empfunden, um die vollständige Sicherheit für das Unternehmen zu erreichen. Aus diesem Grund ist es vor allem nach dem Angriff, der im Juni 2017 die Welt erschütterte, IT-Risiken ausgesetzt. Eine Lösegeldsoftware betraf gleichzeitig große Unternehmen auf der ganzen Welt und speziell in Europa. Heutzutage reicht es also nicht mehr aus, durch eine Firewall oder ein Antivirenprogramm geschützt zu sein.

2-Die Notwendigkeit der Risikobewertung für die Cyber-Versicherung

Die Risikoanalyse ist ein wichtiger Schritt in der Cyber-Versicherung, da die Ergebnisse der Risikoanalyse zu Maßnahmen führen (Risikobehandlungsplan), die in der folgenden Tabelle aufgeführt sind:

Tabelle 1: Plan zur Risikobehandlung

		OCCURENCE (Frequenz)		
		Niedrig	**Mittel**	**Hoch**
Auswirkungen	Hoch	Weiterleiten	Kontrollieren /Übertragen	Vermeiden
	Mittel	Überweisen /Annehmen	Kontrollieren/Übertragen	Vermeiden/Kontrollieren
	Niedrig	Akzeptieren	Kontrollieren /Übertragen	Kontrollieren

Aus der obigen Tabelle können wir erkennen, dass die Cyberversicherung zu den Transferaktionen gehört, die mit 55,55% der durchzuführenden Aktionen veranschlagt wird. Unternehmen sollten über die Bedeutung von Cyber-Versicherungen aufgeklärt werden, insbesondere jene, die mit persönlichen und sensiblen Informationen und Daten umgehen.

Um unsere empirische Forschung zu validieren, haben wir auf eine Umfrage zur IT-Sicherheit und Cyber-Versicherung in Tunesien zurückgegriffen, um die Hauptbedürfnisse der Unternehmen, die diese Einheiten dazu veranlassen, auf Cyber-Versicherungen zurückzugreifen, besser umgehen zu können.

22

Abschnitt2: Umfrage zu IT-Sicherheit und Cyber-Versicherung in Tunesien

In diesem Teil werden wir uns auf eine statistische Analyse mit der Software "SPSS" beziehen, um die Bedeutung der IT-Sicherheit für tunesische Unternehmen zu begründen. Diese Tatsache veranlasst Versicherungsgesellschaften dazu, Cyber-Versicherungen anzubieten.

Außerdem werden in diesem Teil die Ergebnisse einer Umfrage über die Möglichkeit der Einführung eines "Cyber-Versicherungs"-Vertrags auf dem Markt für Versicherungsprodukte für Unternehmen, die in verschiedenen Geschäftsbereichen tätig sind, untersucht.

Zunächst werden wir die Analyse mit der Vorstellung des Fragebogens beginnen, um die Untersuchungspopulation zu beschreiben. Anschließend werden wir die Ergebnisse der Umfrage auswerten, um ein Modell zu erstellen, mit dem wir herausfinden können, wie hoch die Bereitschaft eines Unternehmens ist, einen solchen Vertrag abzuschließen, damit wir wissen, welches Budget dafür bereitgestellt wird.

1. Überblick über die Umfrage

1.1. Untersuchte Population

Um unsere Forschung empirisch zu validieren, haben wir auf eine Umfragetechnik zurückgegriffen. Die Umfrage wurde mithilfe eines schriftlichen und Online-Fragebogens über einen Zeitraum von zwei Monaten bei tunesischen Unternehmen unterschiedlicher Größe und aus allen Branchen des primären, sekundären und tertiären Sektors durchgeführt, um einen möglichst umfassenden Überblick zu erhalten.

Konkret wurden über 100 Unternehmen online kontaktiert, indem sie unseren Fragebogen mit 40 Fragen stellten. Die Teilnehmer der Studie hatten mehr als vier Wochen Zeit, um den Fragebogen auszufüllen (vom 15. September bis zum 30. Oktober), aber tatsächlich antworteten uns nur 48 Unternehmen.

Damit unsere Stichprobe repräsentativ ist, haben wir versucht, Unternehmen aus verschiedenen Branchen auszuwählen:

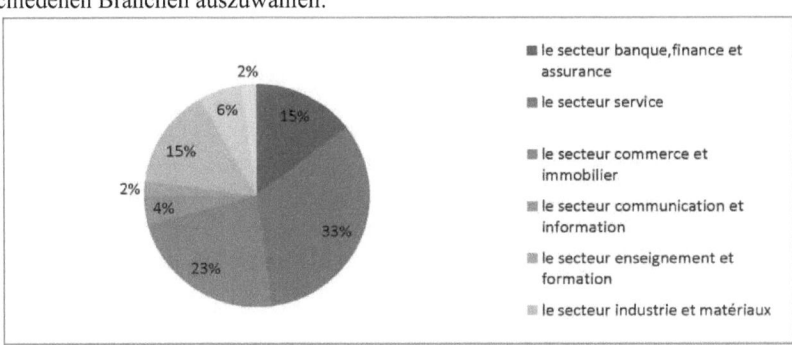

Abbildung 1: Sektorale Verteilung

1.2. Struktur eines Fragebogens

Der vorliegende Fragebogen hat eine Vielzahl von Fragen, die sich hauptsächlich auf die Sicherheit des Informationssystems beziehen. Im Folgenden werden wir die Arten der Fragen, die diesen Fragebogen ausmachen, näher erläutern.

23

Feste Fragen: Bei diesen Fragen wird der Befragte aufgefordert, zwischen einer Reihe von Alternativen zu wählen. Wir klassifizieren zwei Kategorien von festen Fragen
- Multiple-Choice-Fragen: Die Antworten werden im Voraus festgelegt und der Befragte muss eine oder mehrere Antworten auswählen.
- Dichotomische geschlossene Fragen: Im Gegensatz zu offenen Fragen gibt es bei dieser Art von Fragen nur zwei mögliche Antworten, es wird nur eine Alternative durch die Beantwortung mit JA oder NEIN bereitgestellt.

Diese Art von Frage hat den Vorteil, dass sie die Sammlung und Auswertung von Informationen erleichtert, aber auch den Nachteil, dass sie mögliche Antworten vorschlägt, wobei die Antwort der befragten Person möglicherweise nicht in den abgebildeten Antworten enthalten ist.

Offene Fragen: Sie lassen dem Befragten die Möglichkeit, so zu antworten, wie er möchte. Diese Art von Fragen liefert uns reichhaltige Informationen. Sie sind jedoch schwierig auszuwerten.

1.3. Inhalt des Fragebogens

Unser Fragebogen ist in vier große Teile gegliedert, und jeder Teil enthält eine Reihe von Fragen:
- Die erste Rubrik enthält sieben Fragen zur finanziellen Situation des Unternehmens und zum Jahresbudget, das für Investitionen im IT-Bereich bereitgestellt wird.
- Die zweite Rubrik enthält 19 Fragen zur Bedeutung der IT-Sicherheit für das Unternehmen, je nachdem, welche Instrumente zum Schutz ihrer Daten verwendet werden.
- Die dritte Rubrik enthält sechs Fragen, um herauszufinden, welche Datentypen und deren Werte sich auf das Unternehmen beziehen und auch, ob das Unternehmen bereits einen oder mehrere Cyberangriffe erlitten hat.
- Die letzte Rubrik enthält 9 Fragen, die die Meinungen und Ansichten der Befragten zu Cyber-Versicherungen zusammenstellen sollen.

1.4. Aufgetretene Schwierigkeiten

Bei der Erstellung des Fragebogens gab es einige Hindernisse, die sich im Wesentlichen wie folgt zusammenfassen lassen:
- Um zuverlässige und glaubwürdige Antworten zu erhalten, wandten wir uns an die Leiter der IT-Abteilung, die Verantwortlichen für IT-Sicherheit und die Leiter der Buchhaltungsabteilung. Leider war der Zugang zu diesen Direktoren nicht einfach.
- Die meisten Unternehmen waren nicht bereit, den Fragebogen auszufüllen, da die "sehr hohe" Anzahl an Fragen angesichts der Belastung durch ihre Arbeit störend wirkte.
- Es scheint, dass einige Unternehmen die Cyberversicherung nicht kennen, da sie ihre Risiken nicht bewerten.

2. Präsentation der Ergebnisse des Fragebogens

Wir haben auf Grafiken und Tabellen zurückgegriffen, um die Analyse der Ergebnisse unserer empirischen Studie darzustellen. Außerdem beginnen wir mit der Beurteilung der Höhe des Budgets, das die befragten Unternehmen für den Aufbau und die Sicherheit ihres Informationssystems aufwenden. Darüber hinaus werden wir einige Antworten analysieren, indem wir die Wahl dieser Unternehmen erläutern. Schließlich werden wir versuchen, zuverlässige Erklärungsmodelle abzuleiten, um das Thema dieser Arbeit besser eingrenzen zu können.

Tabelle 2: Zusammenfassung der quantitativen Variablen (1)

		Umsatz des Unternehmens	Jahresbudget für Technologieinvestitionen	Jahresbudget für Informationssicherheit	Jahresbudget für den Erwerb von Informationssicherheitslösungen
N	Gültig	46	48	48	42
	Fehlend	2	0	0	6
Durchschnitt		336112033,70	1774872,40	451817,40	315154,29
Modus		10000[a]	100000	1000[a]	10000
Standardabweichung		1086481596,625	3748066,370	1601399,408	1540238,234
Minimum		10000	2000	1000	500
Maximum		5428280900	15000000	10000000	10000000

Nur 46 Unternehmen waren bereit, ihre Umsätze anzugeben, wobei die Umsätze zwischen 10000 DT und 5 428 280 900 DT variierten. Der Durchschnitt liegt bei 336.112.033,700 TDT.
Das jährliche Budget für Technologieinvestitionen variiert je nach Größe des Unternehmens.
Das Budget für IT variiert zwischen 2.000 TDM und 15.000.000 TDM.
Nur 25% des jährlichen IT-Budgets werden für die Informationssicherheit ausgegeben.
Nur 42 Unternehmen haben ein Jahresbudget für den Erwerb von Informationssicherheitslösungen. Das durchschnittliche Budget beläuft sich auf 315.154,290 TD.

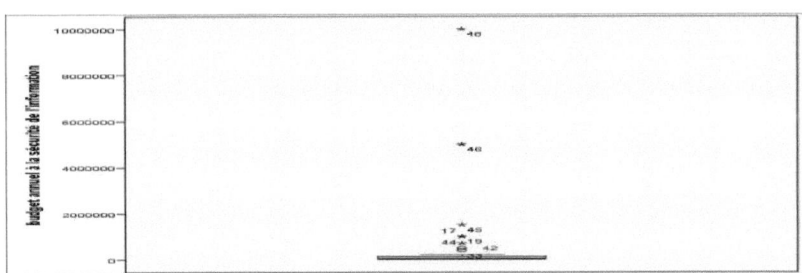

Abbildung 2: Boxplot des Jahresbudgets für Informationssicherheit
Diese Grafik ist ein repräsentatives Beispiel für das Jahresbudget, das für Informationssicherheit ausgegeben wird. Wir sehen, dass die Standardabweichung(a) im Vergleich zum Durchschnitt sehr hoch ist und die Beobachtungen nicht um den Durchschnitt herum konzentriert sind.

$$\sigma = \sqrt{\frac{1}{n}\sum_{i=1}^{n}(x_i - \overline{x})^2} = \sqrt{\frac{1}{n}\left(\sum_{i=1}^{n}x_i{}^2\right) - \overline{x^2}}$$

Die Bedeutung der IT-Sicherheit hängt von der Strategie, der Tätigkeit und der Größe des Unternehmens ab, weshalb wir zwei Unternehmen aus unserer Stichprobe ausgewählt haben, die der IT-Sicherheit nicht den gleichen Stellenwert einräumen.

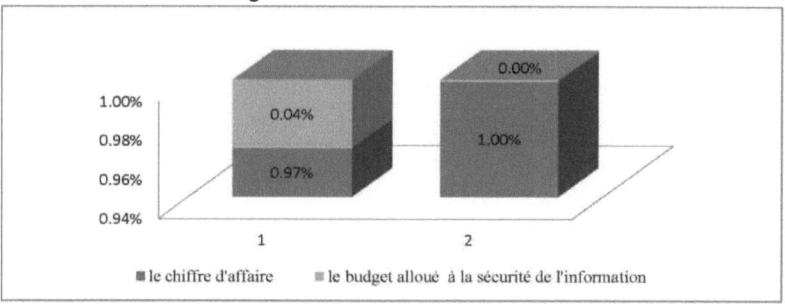

Abbildung 3: Der Anteil der Informationssicherheit im Verhältnis zum Umsatz

Die beiden Unternehmen sind nicht in derselben Branche tätig, eines im Finanzsektor und das andere in der Industrie. Ihre Umsätze sind fast gleich, obwohl sie aufgrund der unterschiedlichen Datenarten und Arbeitsbereiche nicht das gleiche Budget für Sicherheit ausgeben.

Tabelle 3: Zusammenfassung der quantitativen Variablen (2)

		Jahresbudget für die Ausbildung	Jahresbudget für die Ausbildung in	Jahresbudget für Beratung und	den Wert dieser Daten
N	Gültig	35	30	27	33
	Fehlend	13	18	21	15
Durchschnitt		92842,29	84100,00	81255,00	20711481,97
Modus		10000[a]	3000	1000[a]	100000
Standardabweichung		192289,367	200350,142	210457,374	88373921,024
Minimum		1000	500	1000	1000
Maximum		1000000	1000000	1000000	504137000

35 Unternehmen sind an Schulungen interessiert. Sie geben jährlich 92.842,290 TDD aus, d. h. 78% ihres Budgets für Schulungen im Bereich Informationssicherheit.

81255 TD ist das durchschnittliche Jahresbudget für Beratung und Studien1 zur Sicherheit von Informationssystemen.

20.711.481,97 TDT ist der durchschnittliche Wert der Daten, der eine Vorstellung davon vermittelt, wie viel das Unternehmen im Falle eines Schadens verlieren kann.

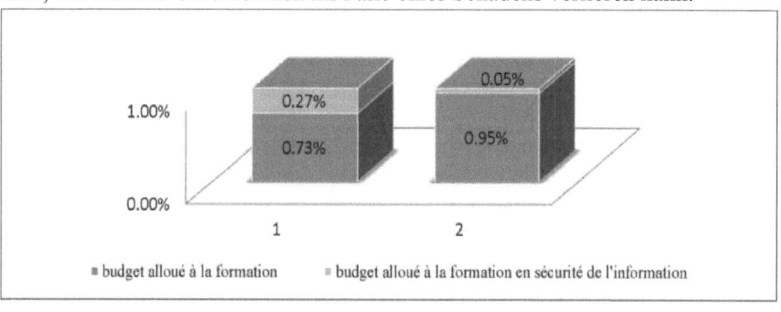

26

**Abbildung 4: Der Anteil der Schulungen zur Informationssicherheit
an der gesamten Schulung des Unternehmens**

Aus diesen Zahlen geht klar hervor, dass sich die Kultur der beiden Unternehmen unterscheidet. Das erste Unternehmen gibt 26,67% seines Budgets für IT-Sicherheit aus, während das zweite Unternehmen nur 5% dafür ausgibt.

Mithilfe der vorliegenden Umfrage konnten wir verschiedene Ergebnisse ermitteln, die uns anschließend dabei helfen, qualitative Informationen über Cyberversicherungen zu gewinnen. Die Umfrage besteht aus 29 Fragen, die als wesentlich und wichtig erachtet werden.

2.1. Governance der Sicherheit von Informationssystemen

Frage 1: Verfügt das Unternehmen über eine Richtlinie zur Informationssicherheit?

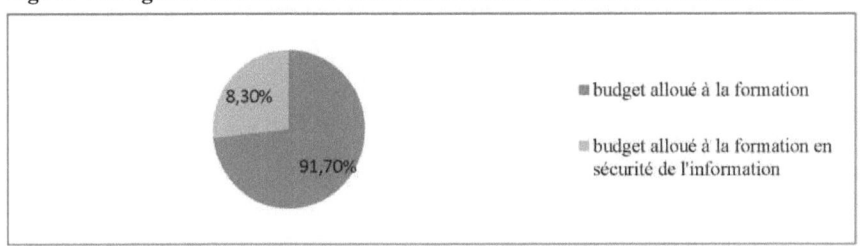

Abbildung 4: Die Sicherheitsrichtlinie für Informationssysteme

Die Mehrheit der Unternehmen (91,70%) verfügt über eine Informationssicherheitspolitik (ISSP), um ein gewisses Maß an Sicherheit zu gewährleisten, und sie spiegelt auch die strategische Vision der Unternehmensleitung (Industrie, Staat, Verwaltung, KMU...) auf der Ebene der Sicherheit der Informationssysteme wider. 8,30% hingegen sagen das Gegenteil, da es sich um Unternehmen handelt, die nicht über ausreichende technische, personelle und organisatorische Mittel verfügen, die es ihnen ermöglichen, Daten zu speichern, zu erstellen und zwischen den internen und externen Akteuren des Unternehmens auszutauschen.

Frage 2: Verfügt das Unternehmen über formelle betriebliche Verfahren?

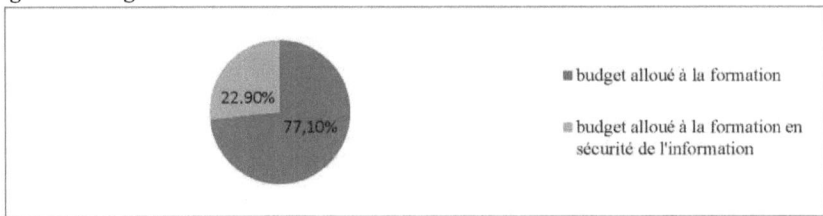

Abbildung 5: Formelle Arbeitsabläufe

77,10 % der Unternehmen verfügen über formelle betriebliche Maßnahmen und Verfahren, wobei es sich in der Regel um große Unternehmen handelt. Diese Verfahren müssen eingerichtet werden, um den Austausch von Informationen zu schützen, die über alle Arten von Kommunikationsgeräten transportiert werden.

Frage 3:Verfügt das Unternehmen über einen formellen BCP?

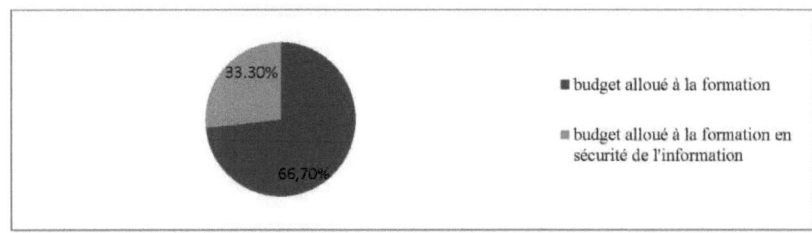

Abbildung 6: Ein formaler PCA

66,70% der Unternehmen haben das Ziel, nach einer schweren Katastrophe, die das Computersystem betrifft, zu überleben, und sie versuchen, das System so schnell wie möglich mit möglichst geringen Verlusten wieder in Betrieb zu nehmen. Dieser Plan wird als notwendiger Punkt der IT-Sicherheitspolitik angesehen.

Frage 4: Gibt es in der Organisation CSIRTs/Socs/Zellen für das Vorfallsmanagement?

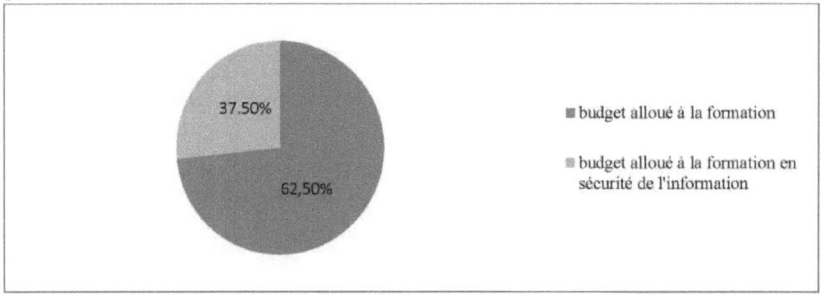

Abbildung 7: CSIRTs/Socs/Vorfallsmanagement-Zellen

Sobald ein Vorfall als Sicherheitsvorfall eingestuft wird, werden 62,50 % der Unternehmen einem spezialisierten Team zur Bewertung, Folgenabschätzung, Korrekturmaßnahmen und Wiederherstellung des betroffenen Dienstes anvertraut. Dieses Team wird in der Regel als CSIRT und Soc bezeichnet.

Frage 5: Führt das Unternehmen Aufträge zur Risikoanalyse durch?

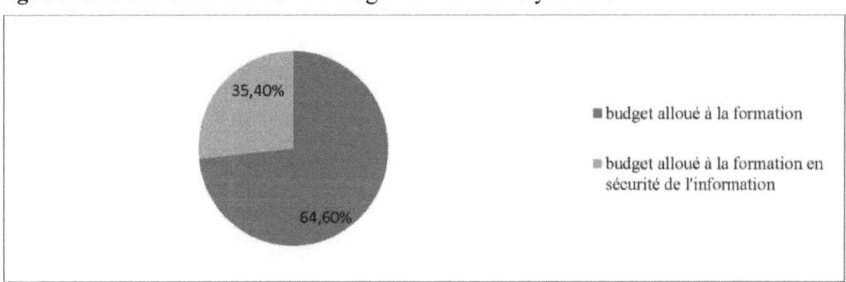

Abbildung 8: Missionen zur Risikoanalyse

64,60 Prozent der Unternehmen führen Risikoanalysen durch, um Schwachstellen zu erkennen und Risiken zu kartieren, die Höhe der Ausgaben für die Sicherung des IS zu rechtfertigen und das Schutzniveau des IS zu veranschaulichen. Die Durchführung dieser Analyse erfordert einen CIS-Manager oder -Direktor, um die Hauptziele des Unternehmens, die regulatorischen und gesetzlichen Einschränkungen und Anforderungen zu identifizieren und die Cyber-Merkmale zu bestimmen.

Frage 6: Hat das Unternehmen einen CISO?

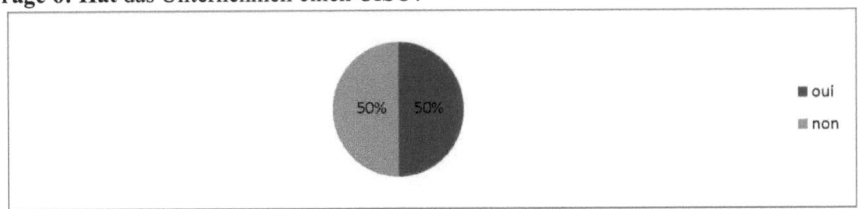

Abbildung 9: Sicherheitsbeauftragter für Informationssysteme

50% unserer Stichprobe haben einen Informationssicherheitsbeauftragten und nur 31,30% dieser Beauftragten haben eine Position mit Entscheidungsbefugnis. Dies gibt ihnen das Recht, alle Mitarbeiter und Auftragnehmer anzuweisen, die Informationssicherheitsregeln gemäß den geltenden Verfahren und Richtlinien des Unternehmens umzusetzen.

2.2. Entwicklung von Fähigkeiten

Frage 7: Verfügt das Unternehmen über Führungskräfte mit Zertifizierungen im Bereich Cybersicherheit?

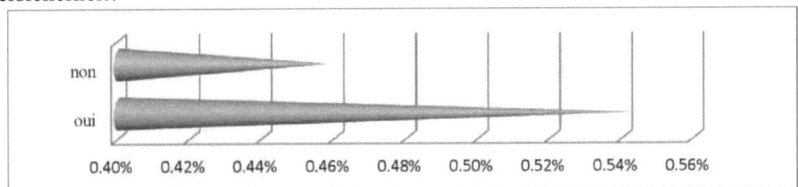

Abbildung 10: Führungskräfte mit Zertifizierungen im Bereich Cyber-Sicherheit

Mehr als die Hälfte der Unternehmen in unserer Stichprobe (54,20%) verfügen über Experten im Bereich der Cybersicherheit, damit sie über eine dem Informationssystem zugeordnete Krisenmanagementkapazität verfügen.

Frage 8: Hat das Unternehmen Führungskräfte, die von ANSI ausgebildet wurden?

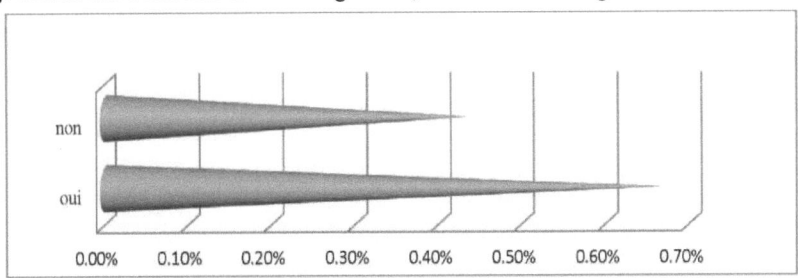

Abbildung 11: Von ANSI ausgebildete Führungskräfte

66,70% der Unternehmen beschäftigen ANSI-geschulte Führungskräfte. Ziel dieser Ausbildung ist es, die Nutzer im beruflichen Umfeld für die Notwendigkeit der Sicherung von Informationssystemen zu sensibilisieren, damit sie zu Akteuren ihrer eigenen Sicherheit und der Sicherheit ihres Unternehmens werden. Die ANSI bietet eine Ausbildung auf hohem Niveau an, die mit dem Titel "Experte für Informationssystemsicherheit" bestätigt wird.

Frage 9: Führt das Unternehmen Sensibilisierungssitzungen durch?

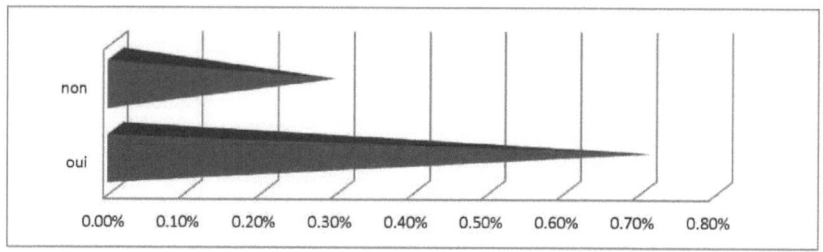

Abbildung 12: Aufklärungsveranstaltungen

70,80% der Unternehmen führen Schulungen durch, um ihre Mitarbeiter für die Informationssicherheitspolitik zu sensibilisieren, ihnen die Auswirkungen einer Nichteinhaltung der Anforderungen an die Sicherheit des Informationssystems zu verdeutlichen und sie über ihre Beteiligung an der Wirksamkeit der Informationssicherheit zu informieren.

2.3. Konformität

Frage 10: Führt das Unternehmen ein behördliches Audit durch?

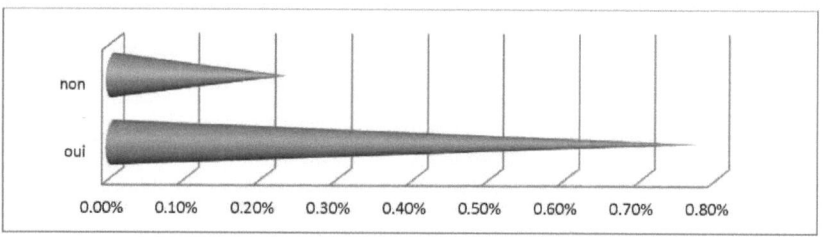

Figure 13: Ein regulatorisches Audit

37 ist die Anzahl der Unternehmen, die eine gesetzlich vorgeschriebene Prüfung durchgeführt haben. Diese Zahl erklärt sich dadurch, dass der Staat die öffentlichen und einige private Unternehmen gemäß dem Dekret Nr. 2004-1250 vom 25. Mai 2004 zu einer regelmäßigen Prüfung der IS verpflichtet.

Frage 11: Hat das Unternehmen einen Ausschuss für Informationssicherheit?

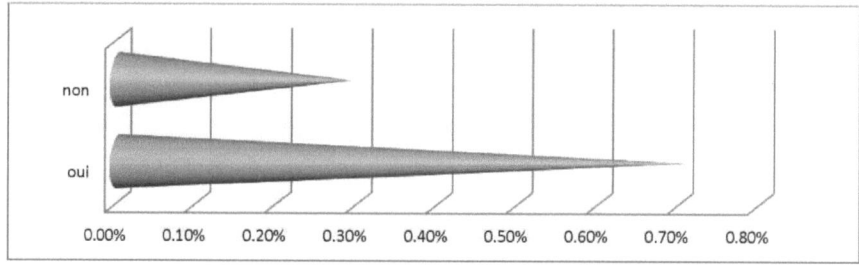

Figure 14: Ein Ausschuss für Informationssicherheit

33 Unternehmen verfügen über einen Ausschuss für Informationssicherheit. Diese Zahl entspricht 68,8% der gesamten Stichprobe.

Dieser Ausschuss stellt durch seine globale Vision einen Konzertierungs- und Koordinationsmechanismus dar. Seine Aufgabe ist es, dem Vorstand und dem

30

Generaldirektor Orientierungshilfen zu bieten und Empfehlungen auszusprechen.

Frage 12: Hat das Unternehmen einen Informationssicherheitsbeauftragten?

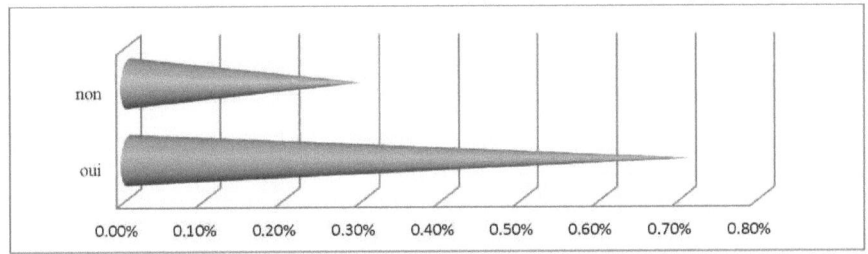

Figure 15: Eine Zelle für Informationssicherheit

70,80% der Unternehmen verfügen über eine Informationssicherheitszelle und die Höhe dieses Prozentsatzes ist auf das Rundschreiben Nr.° 19-du 11. April 2007 zurückzuführen, das auf die Verstärkung der Maßnahmen zur Informationssicherheit in öffentlichen Unternehmen abzielt.

Frage 13: Hat das Unternehmen ein Informationssicherheitsmanagementsystem eingeführt?

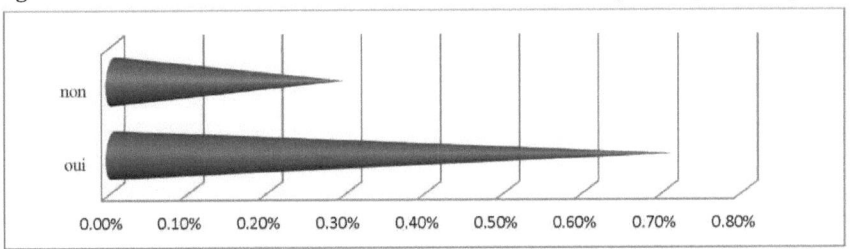

Figure 16: Ein Informationssicherheits-Managementsystem

34 Unternehmen haben ein ISMS eingeführt. Es ist eine Reihe von interaktiven Elementen, mit denen ein Unternehmen eine Sicherheitspolitik und ein Sicherheitsziel festlegen kann. Diese Unternehmen müssen dieses System gemäß der Anforderung der internationalen Norm verbessern.

2.4. Operative Indikatoren

Frage 14: Verfügt das Unternehmen über ein Schwachstellenmanagementsystem?

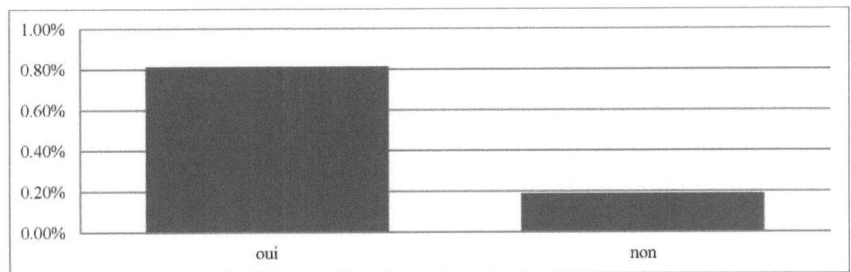

Figure 17: Ein System zur Verwaltung von Schwachstellen

Die Mehrheit der Unternehmen hat Informationen über technische Schwachstellen in Informationssystemen, die Gefährdung des Unternehmens durch diese Schwachstellen wird

31

geschätzt und es werden geeignete Maßnahmen ergriffen, um das damit verbundene Risiko zu behandeln. Dies erklärt, warum 81,30% der Unternehmen über ein Schwachstellenmanagementsystem verfügen.

Frage 15: Hat das Unternehmen ein System zur Verwaltung von Vorfällen?

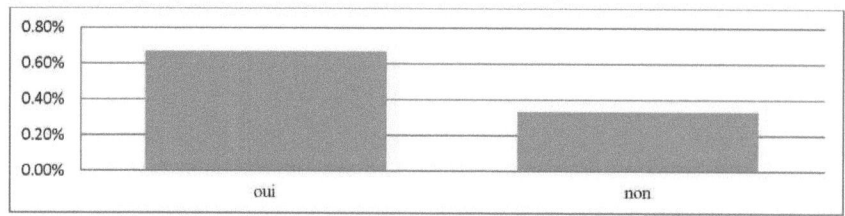

Figure 18: Ein System zur Verwaltung von Vorfällen

66 ,70% der Unternehmen in unserer Stichprobe verfügen über ein System zur Verwaltung von Vorfällen.

Dieses System zielt darauf ab, jede Handlung, die eine Verletzung eines Informationswertes oder eines Beteiligten verursachen könnte, oder jedes Ereignis, das zur Materialisierung eines Risikos führen könnte, kosteneffizient und schnell zu behandeln. Wenn ein Beteiligter gegen ein Element verstößt, das sich aus der Informationssicherheitspolitik des Unternehmens ergibt, muss er je nach Schwere und Auswirkungen seiner Handlung mit disziplinarischen, administrativen und rechtlichen Maßnahmen rechnen.

Frage 16: Hat das Unternehmen ein Überwachungssystem?

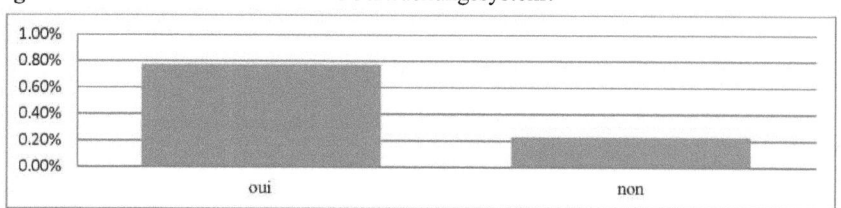

Figure 19: Ein Überwachungssystem

Nur elf Unternehmen haben kein Überwachungssystem, 77,10 % hingegen sagen das Gegenteil. Dieses System ist in der Regel darauf ausgerichtet, das ordnungsgemäße Funktionieren des IT-Systems regelmäßig zu überwachen und bei Fehlfunktionen Warnungen auszusprechen.

Frage 17: Hat das Unternehmen ein Patch-System?

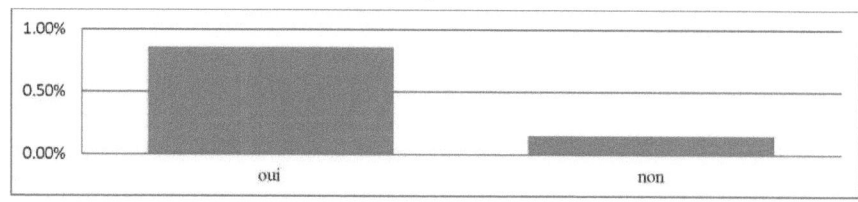

Abbildung 21: Ein Patch-Management-System

Die Mehrheit der Unternehmen in unserer Stichprobe '85,40%' verfügt über ein aktualisiertes Patch-System in Form von Software oder Dateien, um Sicherheitslücken in einem

Informationssystem zu bestrafen.

Frage 18: Hat das Unternehmen ein System zur Überwachung der Informationssicherheit?

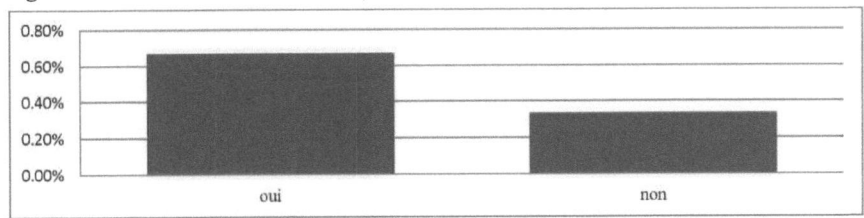

Abbildung 20: **Ein System zur Überwachung der Informationssicherheit**

16 Unternehmen (33,30%), die kein Monitoring-System besitzen, mit dem sie neue Technologien, Sicherheitswarnungen und genau die neuen Schwachstellen in ihren Informationssystemen verfolgen können.

2.5. Daten im Besitz von Unternehmen

Frage 19: Welche Art von Daten hält das Unternehmen?

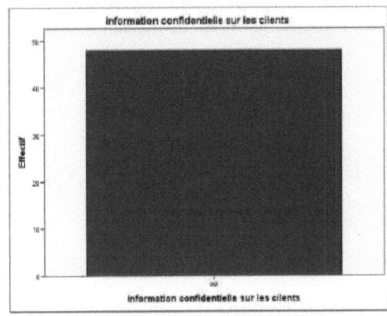
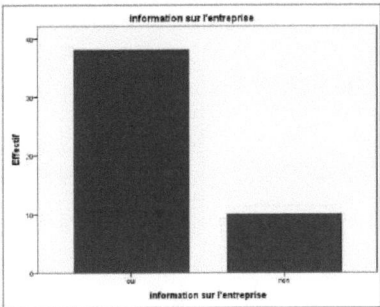

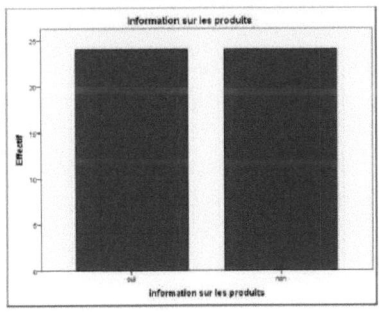

Abbildung 21: Daten im Besitz des Unternehmens

79,2 % der Unternehmen in unserer Stichprobe verfügen über wichtige Informationen, aber 20,80 % geben an, dass sie Informationen ohne materiellen Wert haben.

Wir stellen fest, dass alle Unternehmen (48) vertrauliche Informationen über ihre Kunden besitzen, unabhängig von der Branche, in der sie tätig sind.

Im Falle eines Cyberangriffs sind sie es, die der Gefahr am meisten ausgesetzt sind.

Die Hälfte (50 %) unserer Stichprobe verfügt über Informationen über ihre Produkte und sie gehören hauptsächlich dem Industrie- und Handelssektor an.

2.6. Im Falle eines Angriffs

Frage 20: Hat das Unternehmen bereits einen oder mehrere Angriffe auf die Computersicherheit erlebt?

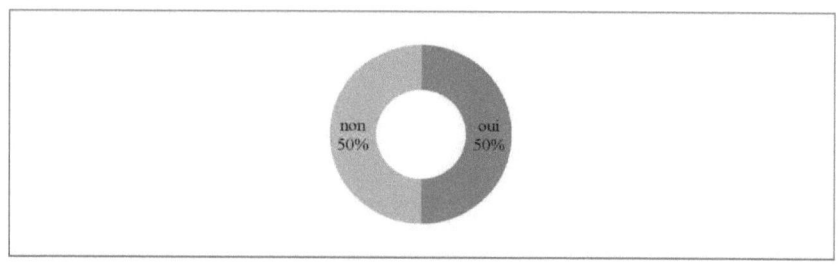

Abbildung 22: Bereits einen oder mehrere Angriffe auf die Computersicherheit erlebt
50 % der Unternehmen haben bereits einen oder mehrere versuchte Angriffe auf ihr Computernetz erlebt.
Die Zahl ist recht groß, daher müssen wir durch die Anpassung neuer Cybersicherheitsmaßnahmen wie Cyberversicherungen die notwendigen Vorkehrungen treffen.

Frage 21: Welche Art von Angriff?

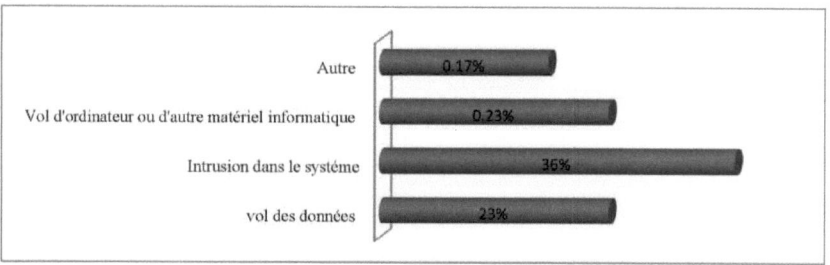

Abbildung 23: Die Arten von Angriffen
Leider kommt es nur selten vor, dass ein Unternehmen, das Opfer eines Cyberangriffs geworden ist, ohne Schaden davonkommt.
In den meisten Fällen, mehr als 90%, von Unternehmen, die einen oder mehrere Schäden erlitten haben: Datendiebstahl, Totalausfall des Computersystems, Erpressung ...

Frage 22: Was ist der Ursprung dieser Angriffe?

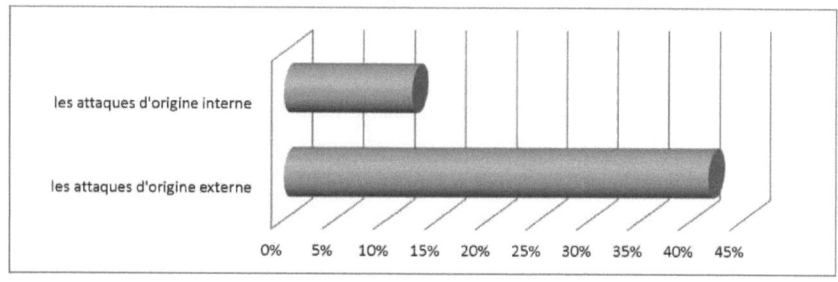

Abbildung 24: Der Ursprung des Angriffs
50% ist der Prozentsatz der Unternehmen, die einen oder mehrere Angriffe erlitten haben.

34

Wir stellen fest, dass 41,7% dieser Angriffe externen Ursprungs sind, d.h. durch Personen mit bösen Absichten, deren Identität "die Hacker" uns völlig unbekannt ist.
Sie hacken sich in das Computersystem, um sensible Daten zu zerstören oder zu stehlen.

2.7. Versicherungsindikatoren

Frage 23: Schließt das Unternehmen eine Versicherung ab?

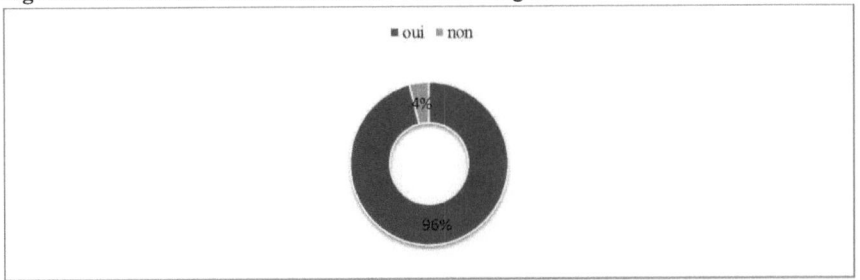

Abbildung 25: Abschluss einer Versicherung

96% der Unternehmen in unserer Stichprobe haben aufgrund einer Verpflichtung eine Versicherung gegen materielle Risiken (Feuer...) abgeschlossen.
Dies wird durch die Entwicklung des Versicherungskonzepts auf der Ebene der tunesischen Unternehmen bestätigt.

Frage 24: Hat das Unternehmen eine Cyber-Versicherung abgeschlossen?

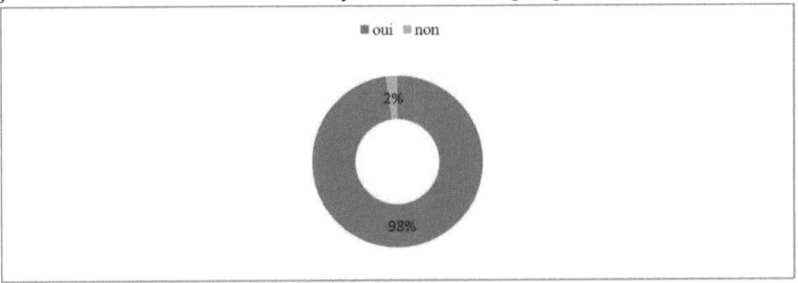

Abbildung 26: Abschluss einer Cyber-Versicherung

Wir können sagen, dass nicht alle Unternehmen (98%) eine Cyberversicherung abschließen.
⇨ Dies ist auf einen Produktmangel auf dem tunesischen Markt zurückzuführen.
Die Versicherung "Maghrebia" ergreift die Initiative und führt das Produkt ein, aber leider war die Werbung nicht werbewirksam genug und es wurden bislang keine Kunden gewonnen.

Frage 25: Aus welchen Gründen hat das Unternehmen keine Versicherung gegen solche Schäden?

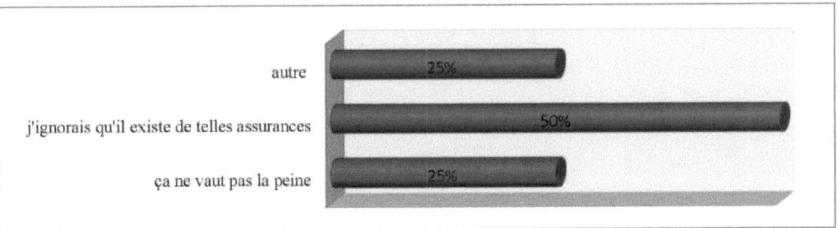

Figure 27: Grund für den Verzicht auf eine Cyberversicherung

Die Hälfte der Unternehmen (50 %) gibt an, dass sie nicht wissen, dass es solche Versicherungen gibt, und 25 % sagen, dass es sich nicht lohnt.
Daher kann dieser Prozentsatz die Anzahl der Abschlüsse von Cyberversicherungen negativ beeinflussen.
Frage 26: Ist das Unternehmen bereit, eine solche Versicherung abzuschließen?

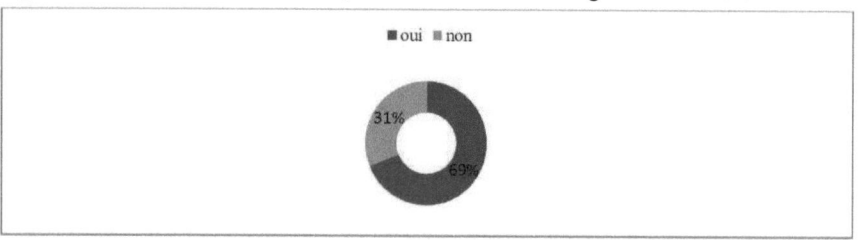

Figure 28: Zustimmung zu einem möglichen Abschluss einer Cyber-Versicherung

69% der Unternehmen in unserer Stichprobe haben sich bereit erklärt, eine Cyber-Versicherung abzuschließen. Wir können sagen, dass dies ein akzeptabler und ausreichender Anteil ist, um die Versicherungsgesellschaften zu ermutigen.
Dieses Ergebnis zeigt auch, dass mehrere Unternehmen in Tunesien, darunter vor allem Banken, sich allmählich des Risikos bewusst werden, dem sie ausgesetzt sind, und die Notwendigkeit, eine Versicherung gegen Cyberrisiken abzuschließen, unmittelbar bevorsteht.
Frage 27: Welche Art von Vertrag wählt sie?

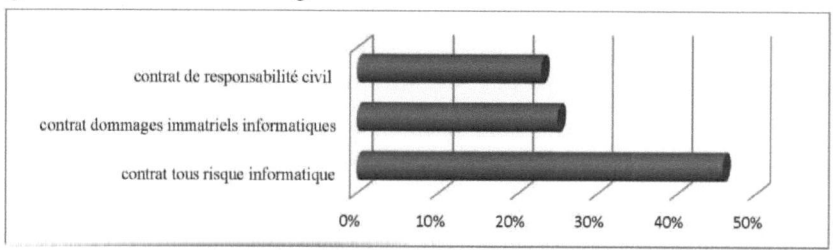

Figure 29: : Art des Vertrags

Die Mehrheit der Unternehmen (47,80%) entscheidet sich für einen Vertrag über alle IT-Risiken, bei dem die angegriffenen Geräte schnell und einfach ersetzt werden können.
Sie übernimmt parallel dazu die Kosten für die Wiederherstellung vertraulicher Daten und kann das Unternehmen auch finanziell entschädigen, wenn es zu Umsatzeinbußen kommt.
27% ziehen es vor, den Vertrag über immaterielle Schäden an Computern abzuschließen und nur 25,20% wählen den Haftpflichtvertrag.
Frage 28: Welches sind die wichtigsten Versicherungsleistungen, die von Unternehmen akzeptiert werden?

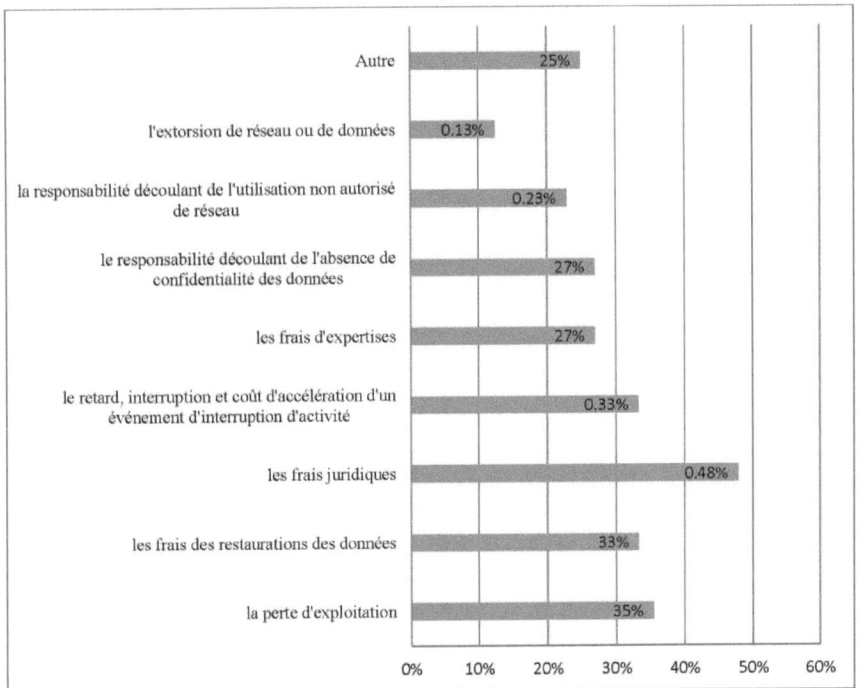

Figure 30: Die wichtigsten Garantien

Rechtskosten (Anwaltskosten...) ist die von Unternehmen am häufigsten gewünschte Sicherheit 47,90%.

Diese Deckung wird in der Regel von Industrie- oder Dienstleistungsunternehmen verlangt und deckt alle finanziellen Verluste im Falle einer vollständigen Arbeitsunterbrechung ab.

33.30% für die Garantie für Verspätung, Unterbrechung und Beschleunigungskosten eines Betriebsunterbrechungsereignisses.

33% für die Kosten der Datenwiederherstellung.

27% für die Kosten von Gutachten und die Haftung, die sich aus der mangelnden Vertraulichkeit von Daten ergibt.

22.90 % für Haftungsgarantien, die sich aus der unerlaubten Nutzung von Netzwerken ergeben.

Die von den Unternehmen am wenigsten nachgefragte Sicherheit ist die Netzwerk- oder Datenerpressung 12,50%.

Im Großen und Ganzen sind sich die Entscheidungsträger in den Unternehmen über die Hierarchie der Versicherungsgarantien einig.

Allerdings gibt es eine Ausnahme, die sich auf die Begrenzung der finanziellen Verluste bezieht, die durch die Versicherung ausgeglichen werden sollen.

Andere, die bereits einen Hackerangriff erlebt haben, gehen diese Wette jedoch nicht ein, da sie eine Vorstellung davon haben, in welchem Ausmaß dieses Risiko zu Verlusten führen kann.

37

Frage 29: Was erwarten Sie von Ihrer Versicherung, wenn Sie diesen Vertrag abschließen?

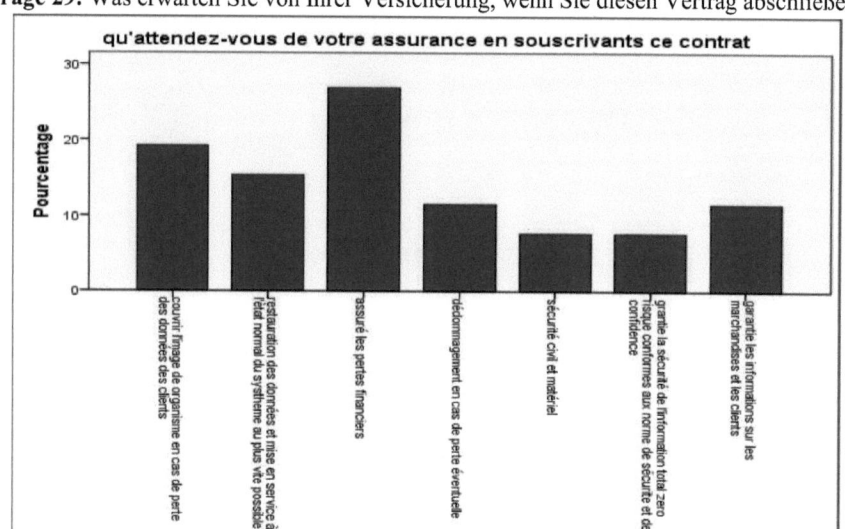

Abbildung 31: Erwartungen der Unternehmen

Das beunruhigendste Risiko für ein Unternehmen ist der finanzielle Verlust. 26,90% der Unternehmen suchen immer noch nach Möglichkeiten, den finanziellen Schaden zu decken. 19.20% der Unternehmen versuchen, ihren Ruf zu schützen, wenn sie vertrauliche Kundendaten verlieren.

15.40% der Unternehmen entscheiden sich dafür, die Daten so schnell wie möglich wiederherzustellen und das System wieder in den Normalzustand zu versetzen.

11.50% der Unternehmen in unserer Stichprobe wählen zwei Arten von Risiken: Entschädigung für einen möglichen Verlust und die Sicherung von Informationen über Waren und Kunden.

Nur 7,70% der Unternehmen entscheiden sich für die zivile und materielle Sicherheit und die Gewährleistung der vollständigen Informationssicherheit. Das heißt: Null Risiko, das eingegangen werden muss.

Unabhängig davon, ob sie bereits einen Cyberangriff erlebt haben oder nicht, halten die Unternehmen die Entschädigung für finanzielle Verluste, die Absicherung des Unternehmensimages, die Übernahme der Kosten für die Neueingabe von Daten und die Wiederherstellung von Daten für die notwendigsten von der Versicherungsgesellschaft angebotenen Garantien.

Die Umfrage wird als Grundlage benötigt, um zwei Erklärungsmodelle zu entwickeln, die die Entscheidung für oder gegen eine Cyberversicherung optimieren sollen. Wir beginnen im Folgenden mit dem ersten Modell.

3. Die Erstellung von zwei Vorlagen

3.1. Das erste Modell

In diesem Abschnitt werden wir versuchen, die Möglichkeit des Unternehmens, eine Cyber-Versicherung abzuschließen, zu schätzen. Dazu greifen wir auf ein binäres logistisches

Regressionsmodell zurück, dessen Prinzip die Suche nach einer Verbindung zwischen dem Eintreten oder Nichteintreten eines Ereignisses auf der Ebene der erklärenden Variablen ist. Um dies zu erreichen, haben wir die Methode der Top-Down-Elimination (WALD) angepasst. Dies ist nämlich eine Technik, die es ermöglicht, eine Teilmenge zu sortieren, um die am wenigsten signifikante erklärende Variable zu entfernen. Die Entfernung der Variable erfolgt, wenn sie die geringste partielle Korrelation mit der abhängigen Variable aufweist. Das Verfahren endet zu dem Zeitpunkt, an dem keine der Variablen in der Gleichung die Eliminierungskriterien erfüllt. Zusammenfassung der Signifikanz der Variablen während der 16 Schritte

In diesem Fall haben wir auf die 16 Iterationen zurückgegriffen, um folgende Ergebnisse zu erzielen:

Tabelle 4: dargestellt die Signifikanz der Variablen während der 16 Schritte

		A	Sig.
Schritt 1ª	VD(1)	-3,141	,188
	PPOF(1)	-2,952	,114
	PPCAF(1)	,753	,577
	PCSCGI(1)	-,939	,592
	EMAR(1)	2,146	,254
	PRSSI(1)	-,113	,938
	RSSIOPD(1)	-3,567	,100
	CCDCS(1)	-1,226	,414
	CFANSI(1)	-,138	,943
	Sensibilisierung(1)	,053	,964
	AR(1)	-23,709	,998
	CSI(1)	25,224	,998
	CESI(1)	,121	,941
	WSIS(1)	-,996	,595
	GV(1)	-,630	,745
	SV(1)	1,813	,301
	GC(1)	1,220	,700
	VSI1)	1,119	,473
	IE(1)	-2,953	,104
	IP1)	2,161	,256
Schritt 16	VD(1)	-2,610	,043
	PPOF(1)	-2,105	,023
	GC(1)	1,947	,041
	IE (1)	-1,722	,031
	IP(1)	1,472	,021

Wir haben 16 Schritte durchlaufen, um das folgende Modell zu erhalten:

$$ASCA = (-2,610)* VD + PPOF * (-2,105) + GC * 1,947 + IE *(-1,722) + IP * 1,472$$

Mit :

ASCA: erklärt sich bereit, eine solche Versicherung abzuschließen

VD: Datendiebstahl

PPOF: Formelle betriebliche Verfahren

GC: Korrektives Managementsystem

IE: Information über das Unternehmen

IP: Produktinformationen

Das vorliegende Modell impliziert, dass die "Akzeptanz des Abschlusses einer Cyberversicherung" von fünf erklärenden oder exogenen Variablen abhängt. Die erste Variable ist "Datendiebstahl", die zweite Variable ist "formelle Betriebsverfahren", dann "das korrektive Managementsystem", "Informationen über das Unternehmen" und schließlich "Informationen über das Produkt". Die letztgenannten Variablen werden im Modell durch ein signifikantes und genau definiertes Gewicht dargestellt. Anschließend sind die Koeffizienten, die mit den Variablen verbunden sind, das Gewicht der einzelnen Variablen. Wir stellen fest, dass in absoluten Zahlen die Variable "Datendiebstahl" das größte Gewicht hat, das den Abschluss eines solchen Vertrages impliziert, während die Variable "Produktinformation" ein bescheidenes Gewicht hat.

Dieses Modell können wir später nach der Wirtschaftstheorie und der Logik der Versicherungsgesellschaften wirtschaftlich validieren.

3.1.1. Der Wert von Daten

Informationen sind zum Treibstoff für Unternehmen geworden. Einerseits ermöglicht ihre Analyse mithilfe von "Big Data"-Tools, das Wirtschaftswachstum dieser Unternehmen zu steigern. Andererseits sind sensible Daten schlecht geschützt.

Die in einem Unternehmen gesammelten und gesammelten Informationen sind ein wahrer Schatz. Im Falle eines Eindringens müsste man fast von vorne anfangen, um die wichtigsten Daten wiederzufinden.

Datendiebstahl kann für Unternehmen enorme Kosten verursachen. Diese Kosten variieren vor allem je nach Art des Problems, das den Informationsverlust verursacht hat.

Neben diesen direkten finanziellen Auswirkungen gibt es noch weitere indirekte Folgen des Datendiebstahls. Der Ruf eines Unternehmens kann nachhaltig geschädigt werden, was sich sowohl auf das Image als auch auf die finanziellen Folgen auswirkt.

3.1.2. Formale betriebliche Verfahren

Es ist notwendig, das Sicherheitsniveau aller Drittpersonen zu berücksichtigen. Die für die Sicherheit zuständige Abteilung wird sicherlich eng mit der für Verträge zuständigen Abteilung zusammenarbeiten müssen, um zu kontrollieren, dass die Sicherheitsbestimmungen in jedem Vertrag enthalten sind. Dies wird als wesentlich erachtet, z. B. sollten im Falle der Vergabe von Unteraufträgen Kontrollen und Überprüfungen durchgeführt werden, um sicherzustellen, dass das Managementsystem des Unterauftragnehmers die Sicherheit berücksichtigt und dass die Praktiken und Maßnahmen des Unterauftragnehmers mit seinem System übereinstimmen.

3.1.3. Die korrektive Verwaltung

Die Verwaltung von Sicherheitspatches (Patch Management) ist heutzutage eines der

Schlüsselelemente beim Schutz von Informationssystemen. Bis vor kurzem war das Patchmanagement nur für eine relativ kleine Teilmenge der Systeme von Bedeutung: insbesondere für die sensibelsten oder am meisten gefährdeten Server, wie z. B. Server, auf die über das Internet zugegriffen wird. Der Hauptgrund dafür ist die wiederkehrende Verbreitung von Viren und anderen selbstverbreitenden Würmern.

3.1.4. Die Information über das Unternehmen

Jedes Unternehmen hat Geheimnisse. Der erste Schritt besteht darin, die Informationen, die geschützt werden müssen, zu erkennen und zu katalogisieren. In diesem Schritt müssen die Informationen beschrieben werden, z. B. :

- **Geschäftsdaten:** Marketingpläne, Informationen über Kunden und Lieferanten, Ergebnisse von Marketingstudien, Vertriebskanäle und -methoden sowie Produktbewertungen.

- **wirtschaftliche und finanzielle Daten:** Geschäftsvorschläge und -angebote, Vertragsbedingungen, Verkaufs- oder Einkaufspreise, Versicherungen, finanzielle und rechtliche Anpassungen.

- **technische und technisch-kommerzielle Daten:** Bewusstsein für erfolglose technische Optionen, typische Studien, Entwurfsmethoden, neue Ideen, technologische Konzepte, Pläne, Prototypen, Know-how, Werkzeugeinstellungsmethoden, Anwendungsdaten für Komponenten und technische Lösungen, Lösungen für nachhaltiges Wachstum, Informationen zur Bewertung von Lieferanten, bedeutende Lösungen zur Erfüllung eines Lastenhefts, einer Herstellungsmethode, technologische Tipps zur Kostensenkung wie Verbrauch, Wartung und Instandhaltung.

- **Organisatorische und strategische Daten:** Methoden und Organisationen des Unternehmens, Pläne für Zusammenschlüsse, Einstellungspläne.

Um die Vertraulichkeit von Daten zu gewährleisten, ist es notwendig, den Informationsfluss zu kontrollieren. Die Verantwortlichen auf Unternehmensebene haben ein Interesse daran, die Verletzung von Geheimnissen auf die Personen zu beschränken, die sie kennen müssen.

3.1.5. Die Produktinformation: Begriff der Vertraulichkeit :

-Patentschutz (ein neues Produkt) :

Ein Patent ist ein gewerbliches Schutzrecht, das eine technische Neuheit schützt, d. h. ein Verfahren oder ein Produkt, das eine neue technische Lösung für ein bestimmtes technisches Problem bietet.

Wer Opfer einer Verletzung der Vertraulichkeit wird, kann dennoch von einem Patent profitieren. Im Allgemeinen ist es nicht mehr möglich, ein Patent anzumelden, wenn die Erfindung bereits enthüllt wurde.

-Vertraulichkeit von Angeboten im Rahmen der öffentlichen Auftragsvergabe :

Das Versenden von Daten an Lieferanten, z. B. bei einer Ausschreibung. Es wird empfohlen, die übermittelten Informationen während der gesamten Geschäftsbeziehung auf das absolut Notwendige zu beschränken. Dies bedeutet auch, dass dem Schutz und der Verschlüsselung der übermittelten Dateien und Dokumente besondere Aufmerksamkeit geschenkt werden muss. Der Vermerk "vertraulich" ist ebenfalls eine gute Praxis.

Tabelle 5:Zusammenfassung des Modells bei jeder Iteration

Schritt	-2log-Wahrscheinlichkeit	R-Zwei von Cox & Snell	R-zwei Nagelkerke	von Khi-Chi-zwei	Sig.
1	33,483[a]	0,498	0,664	33,059	0,033
2	39,530[b]	0,43	0,574	27,012	0,104
3	39,531[b]	0,43	0,574	27,011	0,079
4	39,533[b]	0,43	0,574	27,009	0,058
5	39,535[c]	0,43	0,574	27,007	0,041
6	39,572[c]	0,43	0,573	26,97	0,029
7	39,643[c]	0,429	0,572	26,899	0,02
8	39,889[c]	0,426	0,568	26,653	0,014
9	40,127[c]	0,423	0,564	26,415	0,009
10	40,736[c]	0,416	0,554	25,806	0,007
11	41,396[c]	0,408	0,544	25,147	0,005
12	41,657[c]	0,405	0,539	24,886	0,003
13	43,449[c]	0,382	0,509	23,094	0,003
14	44,900[c]	0,363	0,484	21,642	0,003
15	46,292[c]	0,344	0,459	20,25	0,002
16	47,550[d]	0,327	0,436	18,992	0,002

Die Wahl von 16 Iterationen kann durch die unten erwähnte Tabelle erklärt werden. In der Tat hat die 16ième Iteration den höchsten Log-Likelihood-Wert und den niedrigsten Chi-Quadrat-Wert. Dies bedeutet im Wesentlichen, dass das Modell als Ganzes mit einer Wahrscheinlichkeit von = 0,002, also unterhalb des 5%-Schwellenwerts, als signifikant angesehen wird.

Tabelle 6: Zusammenfassung der Modellschätzung

Beobachtungen			Prognosen		Richtiger Prozentsatz
			sich bereit erklärt, eine solche Versicherung abzuschließen		
			1 JA	2 NEIN	
Schritt 19	sich bereit erklärt, eine solche Versicherung	1 JA	28	3	84,8
		2 NEIN	10	7	33,3
	Gesamtprozentsatz				72,9

Das Modell schätzt 72,90% der Werte als fair. Dieser Prozentsatz ist ausreichend, um sicherzustellen, dass unser Modell zuverlässig ist. Versicherungsunternehmen können das Modell als Mittel zur Vereinfachung des Analyseprozesses des tunesischen Marktes einsetzen. Außerdem können sie ihr Kundenportfolio praktisch einschränken.

3.2. Das zweite Modell

Die Budgetierungslogik eines jeden Unternehmens unterscheidet sich von seiner Größe, seiner strategischen Ausrichtung sowie der Größe und Bedeutung seines Informationssystems. Daher ist jedes Unternehmen dazu aufgerufen, die Sicherheit seines

Informationssystems sowohl im vor- als auch im nachgelagerten Bereich zu maximieren. Für das, was nachgeschaltet ist, betrifft dann den Vertrag "Cyber-Versicherung", bei dem der Kunde versucht, das Verhältnis von Sicherheit und Kosten zu optimieren.

Anschließend müssen wir einige Variablen testen, die das Budget erklären können, das für den Abschluss des betreffenden Vertrags aufgewendet werden muss. Wir werden dann die lineare Regression verwenden, um ein optimales Modell zur Erklärung des Budgets zu erhalten.

Tableau 7 : die Korrelation zwischen den quantitativen Variablen

		Budget, das für diese Versicherung aufgewendet wird
Umsatz des Unternehmens	Korrelationskoeffizient	,810**
	Sig. (bilateral)	,000
	N	28
Jahresbudget für Technologieinvestitionen	Korrelationskoeffizient	,789**
	Sig. (bilateral)	,000
	N	29
Jahresbudget für Informationssicherheit	Korrelationskoeffizient	,687**
	Sig. (bilateral)	,000
	N	29
Jahresbudget für den Erwerb von Sicherheitslösungen	Korrelationskoeffizient	,789**
	Sig. (bilateral)	,000
	N	24
Jahresbudget für die Ausbildung	Korrelationskoeffizient	,616
	Sig. (bilateral)	,002
	N	23
Jahresbudget für die Ausbildung im Bereich Informationssicherheit	Korrelationskoeffizient	,712**
	Sig. (bilateral)	,000
	N	20
Jahresbudget für Beratung und Studien zur Sicherheit von Informationssystemen	Korrelationskoeffizient	,755**
	Sig. (bilateral)	,000
	N	17
den Wert dieser Daten	Korrelationskoeffizient	,777**
	Sig. (bilateral)	,000
	N	22
die Kosten dieses Verlustes	Korrelationskoeffizient	,313
	Sig. (bilateral)	,348
	N	11

Die Variable "Umsatz" korreliert stark mit der Variablen "Budget für Cyber-Versicherung" (81%), und andere Variablen wie "Investitionen in Technologie" und "Erwerb von Sicherheitslösungen" weisen ebenfalls eine hohe Korrelation auf (78,90%). Letzteres hängt von Faktoren ab, die darauf abzielen, die Sicherheit von Informationssystemen durch den Abschluss von Cyberversicherungen zu erhöhen und einen akzeptablen Betrag für diese Versicherung bereitzustellen. Dies ist jedoch bei der Variable "Verlustkosten" nicht der Fall, da sie mit 31% schwach korreliert ist. Selbst wenn es keinen vorherigen Verlust gibt. Aus diesem Grund ist es ratsam, diese Versicherung an tunesische Unternehmen zu verkaufen.

Tabelle 8: Lineares Regressionsmodell

Modell	Koeffizienten nicht standardisiert		Standardisierte Koeffizienten		
	A	Fehler Standard	Beta	t	Sig.
Jahresbudget für Technologieinvestitionen	,067	,002	,252	27,056	,000
Jahresbudget für den Erwerb von Sicherheitslösungen	,337	,016	,645	21,095	,000
jährliches Budget für Beratung und Studien zur Sicherheit von Informationssystemen	,958	,172	,190	5,581	,000

Aus der ersten Tabelle können wir schließen, dass alle Variablen im zweiten Modell einen P-Wert von weniger als 0,05 haben, also sind alle Variablen in unserem Modell signifikant. Wir können unser Modell anhand dieser Tabelle bestimmen:

BCCA=(0.067)*IT+(0.337)* ASS+(0.958)* CESSI

Mit :

BCCA: Budget für Cyber-Versicherung
IT: Technologische Investition
ASS: Acquisition of Security Solution (Erwerb von Sicherheitslösungen)
CESSI: Beratung und Studien zur Sicherheit von Informationssystemen

3.2.1. Das jährliche Budget für Technologieinvestitionen

Computerhardware ist ein Garant für die Erfüllung verschiedener beruflicher Aufgaben von Unternehmen. Daher ist ihre Auswahl für den Erfolg der verschiedenen Aufgaben sehr wichtig.

Tatsächlich muss ein bestimmtes Budget für technologische Investitionen bereitgestellt werden, um Computerhardware zu erwerben und zu installieren, die an die neue Technologie angepasst ist und den Bedürfnissen der Mitarbeiter entspricht (Software, Desktops, Laptops, Tablets ...).

3.2.2. Das Jahresbudget zum Erwerb von Sicherheitslösungen

Heutzutage stehen Unternehmen vor neuen Herausforderungen beim Schutz ihrer Informationssysteme vor gezielten und komplexen Bedrohungen, insbesondere solchen, die über neue Anwendungen und das Internet eindringen.

Investitionen in die Informationssicherheit sind eine grundlegende Basis für die Gelassenheit eines Unternehmens. Alle Unternehmen sollten in Sicherheitslösungen investieren: Sicherheitsprüfung, einheitliche Sicherheitslösungen und Firewalls der neuesten Generation. Generation, die qualitativ hochwertige Sicherheit mit einer perfekten Investitionsrendite bietet, Lösungen für sensible Webanwendungen, Protokolle zur Risikoerkennung und -

44

messung...

Die Sicherung von Unternehmensdaten im Vorfeld erzeugt einen guten Reflex, der billiger ist als die Behebung der Schäden eines Angriffs.

3.2.3. Das jährliche Budget für Beratung und Studien zur Sicherheit von Informationssystemen

Sie bieten Unternehmen intellektuelle Dienstleistungen auf hohem Niveau an, die von Experten und Beratern erbracht werden, die in der IT-Abteilung tätig sind und bei der Änderung von Geschäftsprozessen oder der Festlegung der IT-Strategie des Unternehmens helfen.

Es ist machbar, zwischen Beratungsfirmen für IT-Strategie, Organisationsberatung, Beratung zu Informationssystemen, Infrastrukturen usw. zu unterscheiden. Einige Firmen sind Tochtergesellschaften großer Unternehmen, die digitale Dienstleistungen anbieten.

Tabelle 9: Übersicht über die Vorlagen

Übersicht über die Vorlagen						
Modell	R	R- zwei[b]	R-zwei angepasst	Standardfehler der Schätzung	Änderung in den Statistiken	
					Variation von R-Zwei	Veränderung von F
1	0,999	0,999	,999	30676,481	1,000	9673,933

Die folgende Tabelle zeigt, dass der P-Wert des Modelltests kleiner als 0,05 ist, was bedeutet, dass unser Modell signifikant ist. Außerdem ist R^2 angepasst =0.99, so dass wir 99% des Ergebnisses schätzen können.

4. Analytische Schlussfolgerung

Mithilfe der Software "SPSS" soll in diesem Teil die "Cyber-Versicherung" auf dem nationalen Markt statistisch untersucht und analysiert werden, um die Versicherungsgesellschaften zur Einführung dieses neuen Produkts zu ermutigen.

Wir haben festgestellt, dass es einen Zusammenhang zwischen der Größe und der Nutzung von Computern gibt. Je größer das Unternehmen, desto wichtiger ist die Technologie.

In dieser Hinsicht bieten große Unternehmen Hackern sicherlich bessere Aussichten als mittelgroße und kleine Unternehmen.

Außerdem haben 50% der großen Unternehmen bereits einen oder mehrere Angriffsversuche erlitten und 41,70% dieser Angriffe sind externen Ursprungs, die Verluste zwischen 1000DT und 504137000DT verursacht haben. Obwohl diese Unternehmen gegen IT-Risiken versichert sind, können sie nicht entschädigt werden, da nur materielle Risiken entschädigungsfähig sind.

Wir haben zwei Modelle untersucht, anhand derer sich feststellen lässt, ob und zu welchem Preis das Unternehmen eine solche Versicherung abschließen würde.

Das erste Modell ist eine Gleichung mit fünf Variablen: Datenbestand, Formale betriebliche Verfahren, Korrektives Managementsystem, Unternehmensinformationen, Produktinformationen.

Anhand dieses Modells kann der Versicherer feststellen, ob das Unternehmen einer Cyber-Versicherung zustimmen würde oder nicht.

Das zweite Modell mit drei quantitativen Variablen ermöglichte es uns, den Preis festzulegen, ab dem sich das Unternehmen verpflichtet, sich gegen Cyberrisiken abzusichern.

Allgemeine Schlussfolgerung

Cyber-Risiken sind eine Bedrohung, die schwer zu erkennen ist. Wir wissen nicht, wer der Feind wirklich ist. Dieses Risiko hat viele Formen und Gesichter und kann jederzeit und auf jede Art und Weise agieren. Hinzu kommt der Effekt des Unsichtbaren. Das macht es wirklich unangreifbar und es ist schwierig, sich zu mobilisieren, um ihm entgegenzuwirken.

Wir haben es dem Leser ermöglicht, sich mit den technischen Besonderheiten des Cyberrisikos vertraut zu machen, indem wir das Fachvokabular, den Markt, das regulatorische Umfeld, Fallstudien und die notwendigen technischen Standards vorgestellt haben.

Der Versicherer kann also in dieser Abhandlung die notwendigen Informationen über den aktuellen Markt und seine Erwartungen finden. Der Versicherungsnehmer kann auch die Grundbegriffe kennenlernen, die ihm die Kommunikation mit seinem Versicherer ermöglichen, und auch eine Vorstellung von den versicherten Risiken bekommen.

Nach der Manipulation der Software "SPSS" zeigen die statischen Analysen, dass 69% der tunesischen Unternehmen in unserer Stichprobe eine Cyberversicherung abgeschlossen haben.

Dieses Ergebnis zeigt, dass viele Unternehmen in Tunesien, darunter vor allem Banken, sich der Risiken bewusst werden, denen sie ausgesetzt sind, und die Notwendigkeit, eine Versicherung gegen Cyberrisiken abzuschließen, unmittelbar bevorsteht.

Dieser Anteil ist akzeptabel und ausreichend, um die Versicherungsgesellschaften zu ermutigen, die Möglichkeit der Einführung von Cyberversicherungen auf dem tunesischen Markt zu prüfen: Rechtskosten, Betriebsunterbrechungen, Verzögerungs-, Unterbrechungs- und Beschleunigungskosten bei Betriebsunterbrechungen, Datenwiederherstellungskosten, Gutachterkosten und Haftung aufgrund mangelnder Vertraulichkeit der Daten.

Das erste Modell besagt, dass die Akzeptanz einer Cyberversicherung von fünf erklärenden oder exogenen Variablen abhängt: Datenklau, formale Betriebsverfahren, Patch-Management-System, Unternehmensinformationen und Produktinformationen.

Anhand dieses Modells kann der Versicherer feststellen, ob das Unternehmen einer Cyber-Versicherung zustimmen würde oder nicht.

Das zweite Modell mit drei quantitativen Variablen ermöglichte es uns, den Preis festzulegen, ab dem sich das Unternehmen verpflichtet, sich gegen Cyberrisiken abzusichern: das Jahresbudget für technologische Investitionen, das Jahresbudget für den Erwerb von Sicherheitslösungen und das Jahresbudget für Beratung und Studien im Bereich der Sicherheit von Informationssystemen.

Abschließend und als Ausblick können wir diese Arbeit durch die Einrichtung einer umfassenden Datenbank aller Unternehmen, die eine Cyberversicherung planen sollen, verbessern. Außerdem können wir die FTUSA (Fédération Tunisienne des Sociétés d'Assurances) dazu anregen, einen Rechtstext für die Cyber-Versicherung vorzubereiten, der von allen Beteiligten eingehalten werden muss, zumal die Daten das Vermögen des

Unternehmens und der Kunden sind.

Bibliografie

Versicherungswirtschaft in Afrika und im Nahen Osten aktuell, Digital ein neues Schlachtfeld (2016). *Atlas Magazine* , Nr. 136.

Abadi, A. (2017). *europäische datenschutzverordnung.* Generali Frankreich.

Abadie, A. (2017). *Europäische Datenschutzverordnung.* Generali Frankreich.

jährlichen Beitrag. (, Dezember 2013). *Fédération Tunisienne des sociétés d'assurance, r* .

Belkhelladi, A. (2015). *The cyber of the concern of risk management.* Die Chad Presse.

Bouteiller, S. (2016). Cyberrisiken in der Unternehmensführung. *CIGREF* .

Bruno Debray, O. S. (2014). Integriertes Management von neu auftretenden Risiken : Herausforderungen und Ziele des europäischen Projekts. *INTEG6RISK* .

Köhler. ((1999).). *Histoire de l'assurance en Tunisie,.* Cérès éditions.

Allgemeine Geschäftsbedingungen, alle Computerrisiken . (2012). *AXA France* , CG 4353200.

Derek Young, J. L. (2016). *A framework for Insurance in Critical Infrastructure Cyber Risk Strategies,.* international journal of critical infrastructure protection .

Ferté, M. (2012). Begleitung bei der Bewältigung immaterieller Risiken und Cyberrisiken . *Jardine Lloyd Thompson* .

Gregori, E. (2016). Sich vor Cyberangriffen schützen. *Verspieren.*

GUITEAU, J.-M. (2006). Cartigraphie des risques (Kartigraphie der Risiken). *Insitut de l'audit iterne* , 91.

Hédi, M. (r Oktober(2001)). Uncertainty, Edito, The Manager. Nr. 63, Seite 3.

Klaus Schwab, N. E. (2016). *Emerging risks (cyber business interruption), .* Kennedys

Aktuelle Nachrichten aus der Versicherungsbranche in Afrika und dem Nahen Osten. (Oktober 2016). *Atlas Magazine* , Nr. 134.

Lamandé, E. (2013). Cyberrisiken in den Klauen der Versicherer . *Global Security Mag* .

Die Sicherheitsvorschriften und die Modalitäten für die Meldung von lebenswichtigen Informationssystemen und Sicherheitsvorfällen im Bereich lebenswichtiger Aktivitäten, die in Anwendung der Artikel . (s.d.). *Code de la défense* , R.1332-41-1,R.1332-41-2 und R.1332-41-10.

Gesetz 2004 über Cyberversicherungen in Tunesien . ((30. Juli 2004).). *Journal officiel de la république tunisienne* , Seite 1988-1997.

Mahmoud, L. b. (2014). Emerging Risks (Cyberrisiken). *Bulletin Tunis* .

Pouillot, P. (2014). Versicherungslösung für digitale Risiken. *Munich Re* , 4.

Randon, P. (2015). Cyberkriminalität und Versicherungen. *Marsh &McLENNAN companies.*

Risk Nexus Beyond data breaches: global interconnections of cyber risk, (April 2014.). *Zurich Insurance Group* .

Rudelle, J. B. (2016). Cybersicherheit jenseits der Technologie. *Odile Jacib* , 175.

Santoni, J.-l. (2013). Risque et Assurance, Assurabilité des conséquences pécuniaires des cyber risques. *Gutachten.*

Say, C. M. (2016). "an intelligent Security Assistant for Cyber Security Operations" (Ein intelligenter Sicherheitsassistent für Cybersicherheitsoperationen).

Seck, M. (2014). "Die Herausforderungen der Cybersicherheit in Afrika bewältigen". *United Nations Economic Commission for Africa, Guidance Note* , No. NTIS/002.

Straathof, B. O. (2015). "what dravis cybercrime empirical evidence from Dodos attacks". *CPB Netherlands Bureau for Economic Policy Analysis* , ,L86,F14,F51.

Suire, R. (2013). Location strategies of ICT firms: from cyber to edge district. *Geography Economy Society* , 379-397.

Valérie Lafarge Sarkozy, G. C. (2016). "Les enjeux du cyber risque",-. *les clubs des juristes, la semaine juridique-édition générale* , N°45, page 2060.

Valérie Lafarge Sarkozy, Georgie Courtois "les enjeux du cyber risque", les clubs des juristes, la semaine juridique-édition générale -N°45-2016, Seite 2060. (s.d.).

Zicry, L. (2013). Cyber Risk: Challenges and Solutions. *Gras Savoye Willis Specialties Finex Financial Lines* .

Zicry, L. (2015). Cyber Risk. *Gras Savoye Corporate Risk Mmanagement* .

Printed by Books on Demand GmbH, Norderstedt / Germany